WOLFHART PANNENBERG

Grundlagen der Ethik

Philosophisch-theologische Perspektiven

V&R

VANDENHOECK & RUPRECHT
IN GÖTTINGEN

Wolfhart Pannenberg

Geboren am 2.10.1928 in Stettin (Pommern), Studium der Theologie und Philosophie in Berlin, Göttingen, Basel und Heidelberg; Dr. theol. 1953 Heidelberg, Habilitation dort 1955, Prof. f. Systematische Theologie Univ. München (bis 1994).

Veröffentlichungen: Die Prädestinationslehre des Duns Skotus, 1953; Offenbarung als Geschichte (mit R. u. T. Rendtorff und U. Wilckens) 1961, [5]1982; Was ist der Mensch? 1962, [7]1985; Grundzüge der Christologie, 1964, [7]1990; Grundfragen systematischer Theologie, 1, 1967, [3]1979; Bd. 2, 1980; Erwägungen zu einer Theologie der Natur (mit A.M.K. Müller) 1979; Thesen zur Theologie der Kirche, 1970, [2]1974; Theologie und Reich Gottes, 1971; Das Glaubensbekenntnis, 1972, [5]1990; Gottesgedanke und menschliche Freiheit, 1972; Christentum und Mythos, 1972; Wissenschaftstheorie und Theologie, 1973, [2]1977; Glaube und Wirklichkeit. Kleine Beiträge zum christlichen Denken, 1975; Ethik und Ekklesiologie, 1977; Anthropologie in theologischer Perspektive, 1983; Systematische Theologie, Bd. 1–3, 1988–1993; Metaphysik und Gottesgedanke, 1988; Philosophie und Theologie, 1996.

Die Deutsche Bibliothek – CIP-Einheitsaufnahme

Pannenberg, Wolfhart:
Grundlagen der Ethik: philosophisch-theologische Perspektiven / Wolfhart Pannenberg. –
Göttingen: Vandenhoeck und Ruprecht, 1996
(Kleine Vandenhoeck-Reihe; 1577)
ISBN 3-525-33601-2
NE: GT

Kleine Vandenhoeck-Reihe 1577

Umschlag: Hans-Dieter Ullrich
Satz: Text & Form, Pohle
Druck und Bindung: Hubert & Co., Göttingen

Inhalt

Vorwort

In der Tradition evangelischer Theologie werden Dogmatik und Ethik nicht völlig getrennt behandelt, sondern bilden Teildisziplinen im Rahmen der systematischen Theologie. Ihr Verhältnis zueinander innerhalb dieses Rahmens ist sehr unterschiedlich bestimmt worden. Gegenüber der Einbeziehung der Ethik in die Dogmatik selbst, wie sie vor allem durch Karl Barths Kirchliche Dogmatik eindrucksvoll vorgeführt worden ist, hat sich in der theologischen Diskussion jedoch mit Recht die Selbständigkeit der ethischen Disziplin behauptet. Sie hat ihre Grundlagen in der Anthropologie, nicht unmittelbar in der Dogmatik, obwohl Beziehungen zur Dogmatik dadurch keineswegs ausgeschlossen sind. Die anthropologische Allgemeinheit des ethischen Themas begründet die Nähe der theologischen zur philosophischen Ethik und ist für den Geltungsanspruch ihrer Aussagen fundamental. Allerdings hat auch die Dogmatik einen Bezug zum allgemein Menschlichen, da die Menschwerdung Gottes in Jesus Christus das Zentrum der christlichen Lehre bildet und Jesus Christus als der neue und endgültige Mensch maßgeblich für das christliche Verständnis der Bestimmung des Menschen überhaupt ist. An dieser Stelle hängen Dogmatik und Ethik notwendig zusammen.

In der deutschen evangelischen Theologie der Zeit nach dem Zweiten Weltkrieg hat Trutz Rendtorff den wohl anspruchsvollsten und selbständigsten Entwurf zur Darstellung der Ethik vorgelegt in zwei Bänden, die in erster Fassung 1981 und 1982, zehn Jahre später in einer Neubearbeitung erschienen sind. Die systematische Bedeutung dieses Entwurfs für die Aufgabe einer Grundlegung der Ethik in einem gegenüber normativen Argumentationen skeptisch gewordenen Zeitalter ist noch viel zu wenig diskutiert worden. Das mag auch damit zusammenhängen, daß Rendtorff seine voraussetzungsreichen Grundbegriffe oft in der Weise des Appells an ihre intuitive Evidenz für den Leser einbringt, ohne den Reichtum der Voraussetzungen in Auseinandersetzung mit der Geschichte der philosophisch-theologischen Ethik in allen Einzelheiten zu entfalten.

Ich habe mich daher entschlossen, meinem langjährigen Freunde und Kollegen zu seinem 65. Geburtstag meine Überlegungen zur Grundlegung der Ethik aus der Sicht des philosophisch interessierten Dogmatikers zu widmen in der Hoffnung, daß er diese Ausführungen als Ergänzung seines wegweisenden Werkes annehmen möge.

München im September 1995 Wolfhart Pannenberg

Trutz Rendtorff
gewidmet
zum 24. Januar 1996

1. Kapitel:
Moral und Ethik in der säkularen Kultur der Gegenwart

1. Die anthropologische Basis der modernen Gesellschaft und der Vorrang der Ethik vor der Dogmatik

Es ist seit langem bekannt, daß die Geschichte der abendländischen Neuzeit seit dem späten 16. und dem 17. Jahrhundert durch eine Verselbständigung des moralischen Bewußtseins gekennzeichnet ist und – in einem zweiten Schritt – durch die Erhebung der Moral zum Kriterium für die Beurteilung der Wahrheitsansprüche der Religion und zur hermeneutischen Instanz für die Bestimmung ihres wesentlichen Inhalts. Der Ausgangspunkt dieser Entwicklung liegt in den Konfessionsgegensätzen und den daraus entstandenen Bürgerkriegen der frühen Neuzeit, welche die Einheit der Gesellschaft in den Niederlanden und Frankreich, dann auch in England und Deutschland zerrütteten und die bis dahin allgemeine Überzeugung erschütterten und unglaubwürdig machten, daß die Einheit der Religion unerläßliche Grundlage des gesellschaftlichen Friedens sei. Aus der Erfahrung der Konfessionskriege des 16. und 17. Jahrhunderts legte sich vielmehr der Schluß nahe, daß der gesellschaftliche Friede nur dann wiederhergestellt werden könne, wenn man von den Streitigkeiten der Religion absehe. Darum bedurfte es nun einer von den Konfessionsgegensätzen unabhängigen Grundlegung des gesellschaftlichen Zusammenlebens, und diese neue Grundlage fand man im Rekurs auf ein dem Menschen natürliches Wissen um moralische Normen und im Zusammenhang damit im Naturrecht und einer neuen, naturrechtlich begründeten Staatslehre. Wilhelm Dilthey hat von der Entstehung eines »natürlichen Systems« der Geisteswissenschaften im 17. Jahrhundert gesprochen.[1] Anstelle der Religion wurde nun die Natur des Menschen zur Basis der Gesellschaftsordnung in der öffentlichen Kultur. Dabei war die Entwicklung einer aus der Natur des Menschen begründeten Morallehre von entscheidender Bedeutung. Zum Durchbruch kam diese Entwicklung nach Anfängen in Frankreich um 1600 (Pierre Charron) zunächst durch Hugo Grotius in den Niederlanden und sodann durch Francis Bacon, sowie Herbert von Cherbury in England.[2] Bei Herbert von Cherbury, dem Vorläufer des Deismus, bahnte sich auch schon der zweite Schritt dieser Entwicklung an: nach der Verselbständigung des moralischen Bewußtseins seine Erklärung zum Kriterium und wesentlichen Gehalt der Religionslehren selber. Diese Auffassung, wonach der wesentliche Inhalt der Religion moralisch sei, die im 18. Jahrhundert von den Deisten und an seinem Ausgang von Kants Schrift »Die Religion innerhalb der Grenzen der bloßen Vernunft« (1793) verfochten wurde, sowie in Kants Gefolge von seinen rationalistischen Anhängern, konnte sich allerdings nicht voll durchsetzen, obwohl sie in Verbindung mit der Betonung eines praktischen Christentums durch den Pietismus eine mächtige Strömung im neuzeitlichen Christentum blieb, die bis heute wirksam ist. Gegen die Reduzierung der Religion auf Moral hat in Deutschland vor allem Schleiermacher mit Erfolg auf der Selbständigkeit des religiösen Themas nicht nur gegenüber dem theoretischen Wissen der Metaphysik, sondern auch gegenüber Moral und Ethik insistiert. Immerhin hat auch Schleiermacher die Ethik dennoch als die Grundwissenschaft anerkannt, auf deren Basis auch die Theologie stehe, weil der Begriff einer frommen Gemeinschaft in der Gesellschaftslehre der Ethik begründet wird. So hat 1902 Ernst Troeltsch in seinem Aufsatz über »Grundprobleme der Ethik« es als Ergebnis der neuzeitlichen Entwicklung bezeichnen können, »*daß die Ethik die übergeordnete und prinzipiellste Wissenschaft ist*, in deren Rahmen die Religionswissenschaft sich einfügt«.[3] Trutz Rendtorff hat in der Nachfolge von Troeltsch die Neuzeit das »ethische Zeitalter des Christentums« genannt,[4] im Gegensatz zu einer Auffassung des Christentums von der Dogmatik her, die nach Rendtorff nur für seine vorneuzeitliche Geschichte Gültigkeit hat. In der Neuzeit sei auch die Dogmatik wesentlich von ihrer Funktion für die Ethik her zu verstehen.

Diese Sicht ist für die Entwicklung des Christentums im 18. und 19. Jahrhundert sicherlich in vieler Hinsicht zutreffend, obwohl es immer auch Gegenströmungen gegeben hat – in unserem Jahrhundert z.B. die Theologie Karl Barths. Die Auffassung, daß es beim Christentum im wesentlichen um die Nächstenliebe gehe, ist auch heute noch weit verbreitet, und darin kommt ohne Zweifel jene Tendenz zur Reduktion der Religion auf die Ethik zum Ausdruck. Doch inzwischen ist diese Tendenz durch eine andere überlagert worden, nämlich durch den Verfall der Verbindlichkeit der moralischen Normen selbst.

2. Die Auflösung des moralischen Normbewußtseins

Der amerikanische Philosoph Alasdair MacIntyre hat 1981 den Verfall der Verbindlichkeit moralischer Normen beschrieben in seinem Buch: After Virtue. A Study in Moral Theory.[5] Er sprach von einem »Emotivismus« hinsichtlich der Verbindlichkeit moralischer Normen. Das heißt: Es gibt zwar noch die Argumentation mit moralischen Normen und den damit verbundenen Anspruch auf ihre humane Allgemeingültigkeit. Aber die Allgemeingültigkeit der Ansichten darüber, was moralisch richtig und was verwerflich ist, ist selber nicht mehr allgemeingültig zu begründen. Der Streit um moralische Urteile über Frieden oder Krieg, über die Abtreibung und über die Erfordernisse sozialer Gerechtigkeit lasse sich daher nicht beenden durch eine von allen zu akzeptierende Lösung. Der Endlosigkeit des öffentlichen Streits über moralische Fragen entspreche der Anschein einer beunruhigenden persönlichen Willkür im Hinblick auf die eigene moralische Option,[6] und gerade darum werden die an moralischen Disputen Beteiligten so leicht schrill im Verlauf ihrer Auseinandersetzung.

Die emotivistische Auffassung, daß der Inhalt moralischer Urteile letzten Endes Sache persönlicher Stellungnahme ist, läßt sich in der Moralphilosophie auf das lange Zeit als epochales Werk zur Neubegründung der Ethik gepriesene Buch von George Edward Moore *Principia Ethica* (1903) zurückführen. Ethische Urteile beruhen nach Moore auf »Intuitionen«, die sich auf das Gute und Richtige beziehen, sich aber weder widerlegen noch beweisen lassen. Im Schlußkapitel seines Werkes schrieb Moore, daß in persönlichen Neigungen und ästhetischen Freuden die größten Güter liegen, die wir uns vorstellen können.[7] Das ist nach seiner Meinung die letzte und grundlegende Wahrheit der Moralphilosophie (»the ultimate and fundamental truth of Moral Philosophy«, ib.). Der Intuitivismus Moores ist von seinen Schülern, besonders von Charles L. Stevenson,[8] zum Emotivismus weitergebildet worden. Die Entscheidung für ethische Werte ist danach nicht rational, sondern emotional begründet. Doch diese Auffassung von der Basis ethischer Urteile beschränkt sich keineswegs auf die englische und amerikanische Literatur zur Ethik. MacIntyre hat schon Sören Kierkegaard zu ihren Vorläufern gerechnet, weil er 1843 in seinem Buch »Entweder – Oder« die Wahl zwischen einer »ästhetischen«, dem Sinnengenuß zugeneigten, und einer ethischen Lebensführung zur Sache einer existentiellen Entscheidung erklärt hatte.[9] Die hier zur Entscheidung stehenden Alternativen wurden jedoch von Kierkegaard nicht als gleichwertig betrachtet. Der Schritt von einer am sinnlichen Lebensgenuß orientierten zu einer ethischen Lebensform führt vielmehr nach Kierkegaard in eine größere existentielle Tiefe, ähnlich dann noch einmal der Schritt von einem nur ethischen zum religiösen Selbstverständnis. Insofern hat MacIntyre Kierkegaard wohl zu Unrecht als Vorläufer des Emotivismus beurteilt. Größeres Gewicht hat sein Hinweis auf Friedrich Nietzsche.[10] Nietzsche hat tatsächlich moralische Urteile über das Gute und Richtige auf ihre angebliche Vorgeschichte in »Trieben, Neigungen, Abneigungen, Erfahrungen und Nichterfahrungen« zurückgeführt.[11] Den Anspruch auf Allgemeingültigkeit für solche Urteile hat er als Ausdruck von Selbstsucht gekennzeichnet: »Selbstsucht nämlich ist es, *sein* Urteil als Allgemeingesetz zu empfinden«.[12] Fünf Jahre später, in seiner Schrift zur Genealogie der Moral (1887), hat Nietzsche diese Betrachtungsweise der Moral breit ausgeführt und begründet. Moralische Vorstellungen und Urteile sind nach Nietzsches Darstellung Ausdruck der unterschiedlichen Lebensinteressen, insbesondere der der Vornehmen einerseits, der Sklaven andererseits.[13] Die Geschichte der westlichen Moralvorstellungen ist nach Nietzsches Meinung Ausdruck des jahrtausendealten Kampfes »Rom gegen Judäa, Judäa gegen Rom«.[14] Dem römischen Überlegenheitsgefühl stellte sich das Ressentiment der Unterworfenen entgegen. Dabei sei die christliche Mitleids- und Liebesethik aus einem *»Sklavenaufstand in der Moral«* gegen die politischen Herren hervorgegangen, der aus einem »Ressentiment« gegen die vornehme Moral der klassischen Antike stammte.[15] Nietzsche selbst hat von der Wirkung dieser psychologischen Herleitungen moralischer Wertsetzungen gesagt, daß im Ergebnis »der Glaube an die Moral, an alle Moral wankt«.[16] Insbesondere aber richtete sich der Stoß seiner Kritik gegen die christliche Moral, samt ihren Begriffen von Schuld und Gewissen.

Die Wirkung der Moralkritik Nietzsches für die Auflösung der bis dahin im Abendland gültigen Normbegriffe der Lebensführung läßt sich schwer überschätzen. Zumal in Verbindung mit der sehr viel weniger aggressiv vorgetragenen, aber sachlich verwandten psychologischen Deutung des moralischen Normbewußtseins durch Sigmund Freud hat Nietzsche der Periode selbstverständlicher Geltung der traditionellen moralischen Normen ein Ende bereitet. Zuvor stritt man weniger um die Inhalte der Moral als um die Wege zur soliden Begründung der moralischen Normen. Alasdair MacIntyre hat mit Recht gesagt, daß bei allen Gegensätzen moralphilosophischer Begründung zwischen den Denkern der Aufklärung – etwa zwischen Kant, Hume und Diderot – ein erstaunliches Maß an Übereinstimmung hinsichtlich der Inhalte der moralischen Normen bestand, und er erklärte diese Übereinstimmung aus der »gemeinsamen christlichen Vergangenheit« all dieser Denker, »dergegenüber die Unterschiede ... vergleichsweise unwichtig sind«.[17] Insofern kann man die Aufklärung tatsächlich mit Troeltsch und Trutz Rendtorff als das »ethische Zeitalter des Christentums« bezeichnen, nur mit der Pointe, daß dabei der theologische Begründungszusammenhang der moralischen Normen aus der Verbindung von göttlichem Gesetz und antikem Naturrecht schon zerbrochen war wegen des Autoritätsverlustes seiner religiösen Grundlagen. Die Denker der Aufklärung versuchten, für die traditionellen Normen eine neue, nämlich nunmehr eine rein anthropologische Begründung zu geben, abgelöst von aller Theologie. Dieses Projekt aber muß nach der Diagnose von MacIntyre scheitern, und sein Scheitern läßt sich sogar als die radikale Konsequenz einer rein anthropologischen Begründung der Ethik verstehen; denn die psychologische Deutung ethischer Normen bei Nietzsche und Freud ist ja ebenfalls eine Form anthropologischer Begründung, nur mit dem Ergebnis der Beliebigkeit aller Normgehalte wegen des Verlustes ihrer Allgemeinverbindlichkeit.

Das von Troeltsch begründete und von Trutz Rendtorff als auch für die Gegenwart noch zutreffend angenommene Urteil über die grundlegende Bedeutung der Ethik im Unterschied zu den Glaubenslehren für das neuzeitliche Christentum setzte voraus, daß anstelle der durch die Konfessionsgegensätze strittig gewordenen Glaubenslehren das Ethos des Christentums als menschlich allgemeingültig behauptet und dargetan werden könne. Darauf beruht die These, daß die Neuzeit das »ethische Zeitalter des Christentums« sei. Doch dieses Zeitalter dürfte – zumindest für die intellektuelle Kultur – mit Nietzsche und Freud, sowie mit George Edward Moore zu Ende gegangen sein. Es spricht für die Sensibilität von Ernst Troeltsch, daß er in seinem Aufsatz über

Grundprobleme der Ethik von 1902 bereits die Ahnung aussprach, daß das Werk Nietzsches »eine auflösende Krisis bedeuten« werde. Daher werde »die Ethik gerade angesichts solcher Folgerungen aus der Leugnung der Idee zu einer immer stärkeren Heranziehung prinzipieller metaphysischer und geschichtsphilosophischer Betrachtungen« genötigt sein.[18] Troeltsch hat daraus aber nicht die Konsequenz gezogen, daß die Ethik die Fundamentfunktion verloren habe, die ihr seit dem 17. und 18. Jahrhundert für die Religionswissenschaft insgesamt zugefallen war. Vielmehr hielt er daran fest, daß *»die Ethik die übergeordnete und prinzipiellste Wissenschaft«* unter den Kulturwissenschaften sei.[19] Damit dürfte er die durch das Werk Nietzsches bezeichnete Kulturkrise doch unterschätzt haben. Nach Nietzsche und Freud ist der Appell an eine »Evidenz des Ethischen« als Basis für die Theologie insgesamt anachronistisch geworden. Ich habe mich in diesem Sinne in meiner Mainzer Antrittsvorlesung kritisch mit einem programmatischen Aufsatz Gerhard Ebelings auseinandergesetzt, der 1960 unter dem Titel »Die Evidenz des Ethischen und die Theologie« erschienen war.[20] Meine Vorlesung trug den Titel »Die Krise des Ethischen und die Theologie«,[21] und Ebeling hat sich 1969 mit einer ausführlichen Erwiderung unter demselben Titel gegen meine Kritik verteidigt.[22] Dabei stimmte er meinen Feststellungen über die »Tatsache der ethischen Krise« zu, glaubte aber zu Unrecht, von mir darin zu differieren, daß die »Verselbständigung des Ethischen« in der Neuzeit ihren Grund in der »konfessionellen Spaltung« hat.[23] Im Urteil über diesen historischen Ursprung der Verselbständigung des Ethischen stimmen wir vielmehr überein. Ebeling zog daraus nur andere Konsequenzen als ich, da ihm die Neubegründung des Wahrheitsanspruchs christlicher Theologie von der Dogmatik her durch dieses Ereignis dauerhaft verstellt schien, während ich selbst nur die dogmatische Intoleranz vorneuzeitlicher christlicher Theologie überholt glaubte, die Aufnahme der Toleranzidee in den Wahrheitsanspruch der christlichen Lehre selbst aber als Möglichkeit betrachtete, auch den Allgemeinheitsanspruch für die christliche Lehre zu erneuern. Ebeling meinte dagegen trotz der ethischen Krise der Gegenwart für die Allgemeingültigkeit des ethischen Themas als Basis der Theologie plädieren zu können. Auf die epochale Bedeutung der Moralkritik Nietzsches ist Ebeling in seiner Erwiderung daher nicht eingegangen. Dagegen wird in dem Werk von Alasdair MacIntyre die Moralkritik Nietzsches mit Recht als Indiz eines Epochenbruchs gewürdigt, weil nunmehr die Inhalte des moralischen Bewußtseins als Ausdruck beliebiger Wertsetzungen hingestellt werden, wie das in der englischen und amerikanischen Ethikliteratur dieses Jahrhunderts in den Thesen des Intuitionismus von Moore und des Emotivismus von Stevenson dargetan worden ist.

3. Verlust der öffentlichen Funktion der Moral?

Die Auflösung des Bewußtseins der Allgemeingültigkeit ethischer Normen oder zumindest der Verlust der Übereinstimmung über ihren Inhalt hat sich nicht allein in der akademischen Diskussion vollzogen, sondern auch im gesellschaftlichen Leben, und zwar mit dem Pathos der Emanzipation vom Zwang gesellschaftlicher Konventionen. Moralische Normen, deren Anspruch auf Allgemeingültigkeit seine Plausibilität verloren hat, erscheinen als bloße Konventionen. Das Bewußtsein der Öffentlichkeit hat diesen Vorgang des Normenverfalls vor allem im Bereich des Sexualverhaltens wahrgenommen, nicht zuletzt im Anschluß an das Werk von Wilhelm Reich. Die Veränderung betrifft aber alle Bereiche des gesellschaftlichen Lebens, das Verhältnis zwischen den Generationen, das Berufsethos und das Verhältnis der Menschen zu staatlichen Einrichtungen. Der Soziologe Niklas Luhmann hat behauptet, daß es sich dabei nicht nur um eine zufällige historische Entwicklung handle. Vielmehr seien die modernen Gesellschaften im Prozeß ihrer fortschreitenden Differenzierung in einen Zustand gelangt, wo die Moral als Faktor gesellschaftlicher Integration immer mehr ausfalle. Sie sei abgelöst worden durch die Organisationsform der Teilsysteme der Gesellschaft, die sich auch auf deren Beziehungen zueinander erstreckt.[24]

Mit dieser These einer Entmoralisierung der Gesellschaft und der Verwandlung des Gesellschaftssystems in einen Funktionszusammenhang von Teilsystemen steht Luhmann aber im Gegensatz zu anderen Soziologen, die, wie Jürgen Habermas, eine Form kantischer Ethik für unerläßlich halten für das Zusammenleben der Menschen, und zwar im Sinne verallgemeinerbarer Handlungsmaximen, deren Inhalt in einem herrschaftsfreien Diskurs zwischen den Gliedern einer Gesellschaft bestimmt und weiterentwickelt werden müsse. Auch der Rechtsphilosoph Otfried Höffe hat Luhmann widersprochen.[25] Höffe weist u.a. darauf hin, daß das Recht, das die Organisation aller Subsysteme der Gesellschaft regle, selber einer moralischen Grundlage bedürfe, und Entsprechendes gelte auch im Hinblick auf die Legitimationsprobleme des Gesellschaftssystems im ganzen.[26] Diese Argumente Höffes haben durchaus Gewicht. Nur setzen sie voraus, daß es eine einzige, für alle verbindliche Moral oder Ethik gibt. In der Situation eines Pluralismus von moralischen Anschauungen, deren Gegensätze sich nicht mehr derart beheben lassen, daß die Lösungen allgemeine Zustimmung finden, trifft diese Voraussetzung aber nicht mehr zu. Zwar erhebt jedes Moralsystem, jede Ethik Anspruch auf allgemeine Verbindlichkeit, aber kein einzelnes Moralsystem findet mehr allgemeine Zustimmung. Darum reicht die Berufung auf moralische Grundsätze nicht mehr aus, um die Legitimationsprobleme des Gesellschaftssystems und seiner Rechtsordnung zu lösen. Denn dazu wäre Überzeugungskraft für alle Bürger erforderlich. Auf den ersten Blick scheinen die Grundrechte oder Menschenrechte in den modernen Demokratien eine solche Funktion zu erfüllen. Doch einerseits ergeben sich keineswegs alle Einzelheiten einer Verfassung aus diesen Grundrechten: Diese sind von ihrem Ursprung her vielmehr Vorbehaltsrechte des einzelnen gegen die Staatsgewalt. Zum anderen besteht keine volle Übereinstimmung über den Sinn der Grundrechte selbst. Die Abtreibungsdebatte ist ein Beispiel dafür, daß die Gegensätze in der Interpretation der Grundrechte zunehmen. Darin besteht die über das spezielle Thema hinausreichende, grundsätzliche Bedeutung dieser Debatte.

Wenn das gesellschaftliche Zusammenleben trotz solcher tiefreichenden Wertkonflikte weiterhin funktioniert, so liegt es nahe, mit Luhmann zu urteilen: Die Integration des Gesellschaftssystems erfolgt nicht mehr über die Moral. Luhmann hat weiterhin wohl auch darin recht, daß faktisch eine weitgehende Entmoralisierung im Hinblick auf die Erwartungen der Gesellschaft an die Individuen eingetreten ist. Statt persönlicher Moral kommt es darauf an, daß die Individuen sich am jeweiligen Ort ihrer Tätigkeit in den Subsystemen der Gesellschaft funktionsgerecht verhalten. Was sie sonst tun, bleibt der freien Lebensgestaltung des einzelnen überlassen. Doch auch wenn das eingeräumt wird, folgt daraus noch nicht, daß die individuelle moralische Motivation belanglos geworden wäre für das Zusammenleben der Menschen. Für die Funktionserfüllung in den gesellschaftlichen Teilsystemen ist ein gewisses Maß an persönlicher Verläßlichkeit erforderlich, die ihre Basis in der persönlichen Integrität der Personen haben muß. Dieser Gesichtspunkt wird um so wichtiger, je verantwortungsvoller die Position ist, die der einzelne im gesellschaftlichen Leben einnimmt. So legen auch Wirtschaftsunternehmen bei der Auswahl ihrer leitenden Angestellten neben der Fachkompetenz Wert auf die Integrität der Persönlichkeit, wie sie in den Lebensumständen des Bewerbers insgesamt zum Ausdruck kommt. Daß Moral für das gesellschaftliche Zusammenleben entbehrlich ist, wie Luhmann zu meinen scheint, bleibt also zweifelhaft. Das Funktionieren des Gesellschaftssystems dürfte in höherem Maße, als es der heutigen öffentlichen Meinung bewußt ist, von der moralischen Prägung und Motivation abhängen, die die meisten Individuen aus ihrer Sozialisation, insbesondere aus dem Familienleben ihrer Herkunft mitbringen, gleichgültig, wie die moralischen Verhaltensregeln begründet sind. Die Feststellung einer Entmoralisierung im gesellschaftlichen Leben ist weitgehend berechtigt im Hinblick auf die öffentliche Organisationsform der Gesellschaft und auf das mit ihr verbundene öffentliche Bewußtsein. Das bedeutet aber nicht, daß die Individuen keine moralische Einstellung und keine Vorstellungen über richtiges und falsches Verhalten mehr hätten. Das Problem besteht eher darin, daß diese moralischen Vorstellungen einerseits stark – und vielleicht zunehmend – voneinander differieren und andererseits oft abstrakt bleiben im Verhältnis zur eigenen Lebensführung und zu ihrem gesellschaftlichen Kontext. So hat in den letzten Jahrzehnten das Bewußtsein der Verantwortung für die Erhaltung der natürlichen Umwelt zugenommen. Aber wenige Menschen ziehen daraus Konsequenzen für die Verkehrspolitik, und noch seltener werden solche Konsequenzen für den Gebrauch des eigenen Autos gezogen. Ebenso urteilt es sich scheinbar leichter über Lösungen für die Probleme anderer Menschen in fernen Ländern als über das, was in der eigenen engeren Lebensgemeinschaft geschehen sollte.

Die Feststellung einer Entmoralisierung des gesellschaftlichen Lebens gilt schließlich überhaupt nicht in bezug auf die Neigung zu privaten und öffentlichen Urteilen über das Verhalten anderer. Moralische Urteile beziehen sich auf die Frage, wie Menschen sich im Zusammenleben verhalten sollen. So sehr die Vorstellungen davon differieren mögen, so sehr sind wir als Menschen doch auf das Zusammenleben mit den andern angelegt und angewiesen. Darum gibt es ein natürliches Interesse für die Erfordernisse eines solchen gemeinsamen Lebens und für die Regeln, nach denen man sich verhalten sollte, damit das Zusammenleben gedeihen kann. Darum wird es den Menschen nie an Stoff zu moralischen Urteilen fehlen, zumal im Hinblick auf das Verhalten der andern. Eine Extremform solcher Urteile ist die sittliche Entrüstung, die im menschlichen Zusammenleben nie aussterben wird, weil sie dem Urteilenden die Befriedigung gewährt, sich im Unterschied zu andern in Übereinstimmung zu wissen mit den Erfordernissen eines menschlichen Zusammenlebens. Dafür reicht allerdings das Urteil über andere nicht aus. Doch die Anwendung moralischer Regeln auf das eigene Verhalten ist weit schwieriger, weil sich im Hinblick auf uns selber so oft besondere Umstände oder Bedürfnisse aufdrängen, die eine Ausnahme von der allgemeinen Regel zu rechtfertigen scheinen.

Das Auftreten moralischer Urteile im öffentlichen Leben – bis hinein in den Parteienstreit – sagt wenig aus über den moralischen Zustand einer Gesellschaft. Solche Urteile werden um so peinlicher werden, je mehr im Zusammenleben der Menschen die gemeinsame Orientierung an für alle verbindlichen moralischen Normen abnimmt. Das moralische Urteil über andere erfüllt dann eine Ersatzfunktion für den im Leben empfundenen Mangel an Moralität. Wo die gesellschaftliche Verbindlichkeit moralischer Regeln schwindet, wird die Beliebigkeit individuellen Verhaltens nur noch durch die Normen der Rechtsordnung eingeschränkt. In Art. 2,1 des deutschen Grundgesetzes heißt es, das Recht auf freie Entfaltung der Persönlichkeit sei beschränkt durch die Rechte anderer, die verfassungsmäßige Ordnung und das Sittengesetz. Dabei erschöpfen sich die Rechte der andern nicht in dem, was das positive Recht festlegt. Sie sind zum großen Teil moralisch begründet. Entfällt nun das Sittengesetz als Schranke individuellen Beliebens, weil der für alle verbindliche Inhalt der Instanz »Sittengesetz« nicht mehr eindeutig bestimmbar ist, dann wird das Bewußtsein von Rechten anderer tendenziell auf das reduziert, was das positive Recht festlegt. Von den drei Schranken, die das deutsche Grundgesetz für das Recht auf freie Entfaltung der eigenen Persönlichkeit nennt, bleibt dann nur noch die Rechtsordnung: Im übrigen muten wir einander oft ein Maximum an Toleranz für das zu, was jeder einzelne für die freie Entfaltung seiner Persönlichkeit hält. Glücklicherweise ist das Zusammenleben in unserer Gesellschaft nicht allein dadurch geprägt. Sonst wäre der Zustand des gesellschaftlichen Lebens längst unerträglich geworden. Die Sachlage wird dadurch gemildert, daß es bei den Menschen nun einmal auch eine Neigung gibt, anderen mit Wohlwollen zu begegnen, und ein Bedürfnis, selber das Wohlwollen anderer zu finden. Daraus erwächst die Bereitschaft zu gegenseitiger Rücksichtnahme, sowie auch ein gewisses Maß einseitiger Toleranzbereitschaft gegenüber dem Verhalten anderer. Aber die Toleranzbereitschaft wird durch die freie Entfaltung der Persönlichkeit anderer nicht selten stark strapaziert, wenn der mäßigende Einfluß einer öffentlich als verbindlich anerkannten Moral schwindet und nur noch die Normen der Rechtsordnung als Schranke individuellen Beliebens wirksam sind.

Wo die Rechtsordnung der moralischen Basis im Bewußtsein einer Bevölkerung entbehrt, da kommt es außerdem leicht zur Aushöhlung des Rechts. Der Ansatzpunkt dazu liegt in der Tatsache, daß den Normen des Rechts schon durch ihre äußerliche Beachtung Genüge getan ist. Es bedarf dazu nicht der inneren Gesinnung. In diesem Sinne hat Kant zwischen Legalität und Moralität unterschieden. Eine Gesellschaft ohne allgemein anerkannte Moral wird nur durch das Band der Legalität zusammengehalten, wenn man absieht von der unverfügbaren Wirksamkeit spontanen Wohlwollens und gegenseitiger Rücksichtnahme in den Beziehungen der Menschen untereinander.

Wenn im Verhältnis zum Recht der Gesichtspunkt der Legalität vorherrscht und die Rechtsnormen der Verwurzelung im moralischen Bewußtsein der Bürger ermangeln, dann wird die Rechtsordnung selber jedoch leicht als ein die freie Entfaltung der Persönlichkeit beengender, äußerlicher Zwang erscheinen. Viele Menschen werden dann zur Umgehung der Rechtsnormen neigen oder sich selbst, wenn sie sich unbeobachtet glauben, von ihrer Befolgung dispensieren. Das ist das sog. Schwarzfahrerphänomen: Hier handelt es sich um eine Form der Regelverletzung, die für den einzelnen dann und nur dann erfolgreich ist, wenn sich die andern in ihrer Mehrheit an die Regel halten. In einer unübersichtlichen gesellschaftlichen Situation, wie sie in den heutigen Massengesellschaften die Regel ist, kann solches Verhalten für den einzelnen durchaus als vorteilhaft erscheinen. Nimmt aber die Zahl der Schwarzfahrer überhand, so wird der öffentliche Verkehr zusammenbrechen.

4. Moralische Motivation und ethische Orientierung der Lebensführung

Die Erwägung der These Luhmanns, wonach die Organisation der heutigen westlichen Gesellschaften »entmoralisiert« ist in dem Sinne, daß nicht mehr eine öffentlich anerkannte Moral die Integration des Gesellschaftssystems bewirkt, hat ergeben: Das gesellschaftliche Zusammenleben der Menschen bleibt dennoch angewiesen auf die moralische Motivation im Verhalten der einzelnen Bürger, sowie andererseits auch auf moralische Kriterien für die Legitimation der gesellschaftlichen Ordnung, Kriterien, deren faktische Geltung und Wirkungsweise sich am Beispiel der Menschenrechte und des Demokratiegedankens erläutern ließe. In beiden Hinsichten bedarf es nach wie vor der ethischen Orientierung und Besinnung. Gerade auch angesichts der Divergenz moralischer Wertsetzungen und Urteile bedarf vor allem die individuelle moralische Motivation der orientierenden Besinnung. Das ist die Aufgabe der Ethik in der gegenwärtigen Situation.

Trutz Rendtorff hat als Gegenstand solcher ethischen Orientierung die menschliche »Lebensführung« bezeichnet.[27] Der Begriff »Lebensführung« geht nach dem von Max Weber übernommenen Sprachgebrauch[28] über den der Handlung hinaus, indem er auf den Zusammenhang zielt, in welchem die einzelnen Handlungen vollzogen werden. Das ist einerseits ein Zusammenhang in der Gesamttätigkeit des individuellen Subjekts: Indem wir Entscheidungen treffen und danach handeln, »führen« wir selbst unser Leben und sind nicht nur Getriebene. Insofern steht die einzelne Handlung für den Handelnden selbst in einem Zusammenhang, dessen Einheit für den Handelnden Gegenstand der Besinnung auf seine Identität als Person in seinen Handlungen ist und seine Verläßlichkeit für andere begründet.

Der Begriff der Lebensführung bezieht sich aber nicht nur auf den Handlungszusammenhang im individuellen Verhalten. Rendtorff hat mit Recht betont, daß der einzelne im Vollzug seiner Lebensführung immer schon mit andern, »mit dem gemeinsamen Leben, mit der Gesellschaft verbunden ist«.[29] In der Tatsache, »daß niemand sein Leben alleine leben kann«, und im Bewußtsein dieser Tatsache habe man sogar das »Grundelement des Ethischen« zu erkennen.[30] Die Ethik hat es also nicht mit dem Handeln des einzelnen für sich allein, sondern immer mit dem individuellen Handeln und der individuellen Lebensführung im Zusammenleben mit andern zu tun. Das entspricht, wie noch genauer zu erörtern sein wird, dem Ursprung der Ethik in der Sitte, in dem *Ethos* einer Gemeinschaft, aus dem sowohl das Recht als auch die Ethik hervorgegangen sind. Von daher sind im Begriff der Ethik immer ein subjektiver und ein objektiver Aspekt miteinander verbunden, nämlich die Einheit der individuellen Lebensführung und die Ordnung des gemeinsamen Lebens.

Im Vergleich zur gelebten Sitte bleibt der Begriff der Lebensführung allerdings formal. Er besagt noch nichts über die inhaltliche Bestimmtheit der Regeln des Zusammenlebens. Worin das gute, das richtige Leben besteht, das läßt sich aus dem Begriff der Lebensführung für sich allein noch nicht entnehmen. Nur eine wiederum formale Bedingung des sozialen Lebens, also des Zusammenlebens der Individuen, das schon im Begriff der Lebensführung enthalten ist, läßt sich aus ihm ableiten, nämlich das *Erfordernis gegenseitiger Anerkennung* im Prozeß der sozialen Kommunikation.[31] Dieser formale Begriff der Anerkennung, der auch für alle Rechtsverhältnisse grundlegend ist, sagt nichts darüber aus, *als was* die Menschen einander anerkennen sollten. Er enthält daher auch noch nicht den Schlüssel zu dem von jedem einzelnen ersehnten Anerkanntsein in dem, was er oder sie für sich selber ist. Hier eröffnet sich vielmehr ein Feld von Konflikten zwischen den Ansprüchen der Individuen auf Anerkennung durch andere und der ihnen tatsächlich zuteil werdenden Anerkennung. Im gesellschaftlichen Lebenszusammenhang bezieht sich die Anerkennung in erster Linie auf die *Rollen*, die jedes Individuum im Verhältnis zu andern spielt – als Vater, Mutter oder Kind, als Lehrer oder Schüler, Vorgesetzter oder Untergebener, als Käufer oder Verkäufer, als Kollege oder Freund, Parteigenosse oder politischer Gegner.[32] Mit der Anerkennung des andern in seiner Rolle sind immer bestimmte Verhaltenserwartungen verbunden, deren Erfüllung Bedingung der gesellschaftlichen Anerkennung ist. Die Beschränkung der Anerkennung von Menschen auf die Rollen, die sie im gesellschaftlichen Leben spielen, gilt jedoch mit Recht als unmenschlich. Sie verkürzt auch den Sinn des Phänomens der Anerkennung selbst. Durch die Anerkennung des andern in seiner Rolle hindurch bezieht sich die Anerkennung immer auch auf die Person des andern. Ursprünglich bezeichnet das Wort »Person« ja sogar die Rolle – die Rolle des Schauspielers, die durch die von ihm getragene Maske gekennzeichnet war, dann auch die soziale Rolle, die einer spielt. Heute gebrauchen wir den Begriff »Person« in einem zugleich umfassenderen und vertieften Sinn, nämlich für die Identität des Individuums, das in verschiedenen Lebensbezügen unterschiedliche Rollen zu erfüllen hat. Besonders in der modernen Industriegesellschaft kann durch die Heterogenität solcher Rollen die Einheit der Person gefährdet sein, wie es Robert Musil in seinem Roman »Der Mann ohne Eigenschaften« beschrieben hat. Das Individuum muß sich zu seinen Rollen ins Verhältnis setzen und deren Vielfalt in der Einheit seiner Person integrieren. Umgekehrt sollten die Person und ihre Rollen nicht – wie es Musil beschreibt – gegeneinander ausgespielt werden. Wenn beide auseinanderfallen, kennzeichnet das vielmehr das Scheitern der Identitätsbildung.[33]

Aus dem Rollenbezug der Prozesse sozialer Anerkennung läßt sich ablesen, daß Anerkennung keineswegs Ungleichheiten ausschließt. Vielmehr richtet sich die Anerkennung auf den andern gerade in seinem Anderssein, in seiner Unterschiedenheit von mir. Eine Art von Gleichheit resultiert erst aus der Wechselseitigkeit der Anerkennung. Es ist die spezifische Gleichheit des Anerkanntseins unbeschadet aller sonstigen Ungleichheit. Diese Gleichheit kann dann auch selber Gegenstand gegenseitiger Anerkennung werden, wie das z.B. bei der Gleichheit der Glieder einer Gesellschaft als Staatsbürger der Fall ist. Wenn jedoch die Andersheit des andern nicht anerkannt wird oder umgekehrt jemand eine Gleichheit mit dem, von dem Anerkennung begehrt wird, beansprucht, die bestehende Verschiedenheiten des Status, der Begabung oder Leistung überspringt, dann entstehen Konflikte, die die Gegenseitigkeit der Anerkennung und damit den befriedeten Zustand gegenseitigen Anerkanntseins und des Wissens darum verhindern.

Aus alledem ergibt sich noch keine Anweisung dafür, wie die Rollen der Individuen im Zusammenhang der gesellschaftlichen Kommunikation zu definieren und welche Erwartungen mit ihnen zu verbinden sind. In der gelebten Sitte treten solche Fragen gar nicht erst auf. Sie sind immer schon beantwortet. Erst wenn die Sitte als bloße *Konvention* in Frage gestellt wird und ihre selbstverständliche Geltung verloren hat, entsteht das Bedürfnis nach einer ausdrücklichen Begründung und Identifizierung der Normen und Regeln für das Zusammenleben.

2. Kapitel:
Die Ursprungssituation der Ethik und die wichtigsten Wege ihrer Begründung

1. Sitte, Recht und Ethik

In traditionsbestimmten Gesellschaften sind der gesellschaftliche Ort jedes einzelnen, sein Stand, damit auch die Erwartungen, denen er oder sie nach Kräften zu entsprechen haben, weitgehend schon durch die familiäre Herkunft festgelegt. An der Erfüllung dieser Erwartungen – im Blick auf das, »was sich ziemt« – hängt die Akzeptanz des einzelnen in seinem gesellschaftlichen Kontext. Fehlverhalten zieht Sanktionen nach sich. Das gilt zunächst schon innerhalb des Familienverbandes, im Leben der Sippe. In Gesellschaften, die eine Vielzahl von Sippen umfassen, ist es überall in der Kulturgeschichte der Menschheit zur Fixierung von Rechtsregeln für die Beziehung der Menschen untereinander gekommen und im Zusammenhang damit zu Formen der Rechtsprechung im Prozeßverfahren, bei dem gegeneinander streitende Ansprüche geschlichtet oder auch für die ganze Gesellschaft gültige Normen gegenüber einzelnen Übertretern durchgesetzt werden. Obwohl ein Teil der Rechtsregeln in der Erfahrung der Prozeßverfahren selbst seinen Ursprung hat, nämlich in dem Bemühen, vergleichbare Fälle nach gleichen Grundsätzen zu entscheiden, ist die Formulierung der Rechtsnormen in den verschiedenen Kulturen überwiegend mit einer gesamtgesellschaftlichen Autorität verbunden worden. Dabei wurde nirgends der gesamte Umfang der durch die Sitte geregelten Verhältnisse der Menschen in formuliertes Recht überführt. Neben dem ausdrücklich gesetzten Recht blieb das Gewohnheitsrecht der guten Sitte maßgeblich für das alltägliche Verhalten, aber auch für die Rechtsprechung.[34] Die ausdrückliche Rechtsetzung hatte selber ihre Grundlage in der Sitte, auf die der Inhalt der Rechtsbestimmungen großenteils zurückgeht, soweit es sich nicht um die Regelung von nicht schon durch die Sitte geordneten Verhältnissen oder Streitfällen handelt.

In den alten Kulturen wurden beide, Sitte und Recht, auf die Begründung der Weltordnung durch die Götter zurückgeführt. Die Rechtsetzung durch Könige im alten Sumer um 2000 v. Chr., sowie durch Hammurabi von Babylon um 1700 v. Chr. berief sich daher auf göttlichen Auftrag. »Zur Aufgabe des Königs als des von den Göttern bestellten ›Hirten‹ seines Volkes oder Herrschaftsbereichs gehörte offenbar in Altmesopotamien in besonderer Weise die Wahrung und Erneuerung der Rechtsordnung ...«.[35] In Völkern ohne Königtum – so in Griechenland und im vorstaatlichen Israel – ist die Bestellung von Nomotheten, von Gesetzgebern bekannt, die für ihre Tätigkeit von der Gottheit beauftragt, manchmal auch eigens dazu von der Gesellschaft berufen wurden, wie es von Solon von Athen berichtet wird.

Über die Gründe der Gesetzgebung lassen sich nur Mutmaßungen anstellen: Man mag sich Situationen vorstellen, in denen die Macht der Sitte über die Menschen verfiel, die Sitten sich lockerten. Daneben kann man auch an die Vereinheitlichung der Rechtsnormen unterschiedlicher Bestandteile der Gesamtbevölkerung denken. Beides klingt an in den ägyptischen Vorstellungen über die Funktion des Königs, der *Ma'at* herstellt, insbesondere bei der immer wieder zu erneuernden Vereinigung der beiden Reiche, nämlich Unterägyptens und Oberägyptens.[36] Zu den Aufgaben, derer die altorientalischen Könige sich rühmten, gehörte es, das Recht des Schwachen und Armen zu schützen gegen die Starken und Reichen. Die letzteren trugen von sich aus Sorge für die Durchsetzung der Ansprüche, die sie als ihr Recht betrachteten. Darum fällt der Schutz der Armen und Schwachen zusammen mit der Wahrung der Rechtsgleichheit überhaupt. Man kann sich gut vorstellen, daß in den Rahmen dieser Funktion u.U. auch die öffentliche Promulgation der Rechtsnormen in Gestalt einer Gesetzgebung gehört.

Die Grenzen zwischen der Sphäre der Sitte und dem Recht im engeren Sinne des Wortes sind also fließend. Recht ist nicht nur das gesetzte Recht, und umgekehrt ist sein Inhalt dem der Sitte nicht entgegengesetzt. Wie aber steht es mit der Ethik? Die Macht der Sitte ist nicht Ausdruck einer Ethik, sondern steht eher dem Brauchtum nahe. Der Verfall der Sitte führt zunächst zum Gesetz, nicht sogleich zur Entstehung von Ethik, will man nicht jede Reflexion über Recht und Unrecht, wie sie sich natürlich bereits im Alten Orient, vor allem in Zeiten des Verfalls, fand, schon Ethik nennen. Die Entstehung von Ethik in einem genau umrissenen Sinn des Wortes hat es dagegen mit dem

Niedergang der Autorität des gesetzten Rechtes zu tun. Die *Entstehungssituation der Ethik*, deren Begründung in der Kulturgeschichte Europas auf Sokrates zurückgeführt worden ist, hat ihre Vorgeschichte im Wandel der Anschauungen über das Gesetz im Griechenland des 5. Jahrhunderts vor Christus.

Im älteren griechischen Denken bezeichnete *Nomos* das einem jeden »Zugeteilte« bzw. die Ordnung, nach der einem jeden das Seine zugeteilt wird.[37] Das Verhältnis, in dem das geschieht, heißt bei Hesiod *dike* (Op. 276ff.). Von besonderem Interesse für das vorsokratische Verständnis des Nomos ist ein Wort Heraklits: »Wer mit Verstand reden will, muß sich stark machen mit dem allen Gemeinsamen, wie eine Polis sich stark macht durch das Gesetz – und noch viel stärker. Nähren sich doch alle menschlichen Gesetze von dem einen göttlichen. Dieses herrscht, soweit es will, und reicht aus für alle und ist sogar noch darüber« (fg. 114). Das göttliche Gesetz teilt also einem jedem Wesen das Seine zu, und sein Vermögen geht darüber sogar noch hinaus. Von ihm – d.h. von der Ordnung des Kosmos – »nähren« sich nach Heraklit die menschlichen Gesetze, die den Zusammenhalt der Bürger begründen. Die menschlichen Gesetze, d.h. die Staatsverfassungen – sind nach Heraklit zwar untereinander verschieden, deshalb auch dem einen göttlichen Gesetz nicht gleich, aber sie haben an ihm ihren Maßstab und ähneln ihm.[38]

Noch stärker als Heraklit hat Pindar die Einheit des menschlichen mit dem göttlichen Gesetz betont (fg. 169), die göttliche Autorität des in der Gesellschaft maßgeblichen Gesetzes also.[39] Diese Anschauung geriet jedoch ins Wanken infolge der Erfahrung der Veränderlichkeit der Gesetzesvorschriften in den griechischen Stadtstaaten. Dadurch wurde der Nomos zum bloß menschlichen Gesetz im Gegensatz zur Natur und zur Wahrheit. Solche Abwertung der Vorstellung vom Gesetz als Ausdruck menschlicher Willkür wegen seiner Relativität und Veränderlichkeit wurde besonders von Protagoras theoretisch begründet.[40] Seine Lehre ist das Hauptbeispiel für die sophistische Argumentation mit der Antithese von Nomos und Physis.[41] Ein anderer Sophist, Antiphon, hat der Orientierung an der Natur im Gegensatz zum Gesetz den Sinn gegeben, man solle seinen natürlichen Trieben freien Lauf lassen und sich nicht darum kümmern, was nach dem Gesetz gut oder schlecht ist.[42] Jedenfalls ist in der Auseinandersetzung mit dieser sophistischen Auflösung der verpflichtenden Kraft des Nomos bei Sokrates und seinem Schüler Platon die Ethik entstanden als Frage nach dem gemeinsam Guten, das gerade als Gemeinsames auch für den einzelnen gut ist. In diesem Sinne hat Aristoteles, auf den der Begriff der Ethik zurückgeht, Sokrates als den ersten bezeichnet, der vom Ethischen gehandelt habe (Met. 987b 1). Die Ethik ist also entstanden aus der Auseinandersetzung mit der Auffassung, als sei (wie Aristoteles schrieb) »das Schöne und Rechte« nur »Brauch und Satzung, von Natur aus aber nichts« (Eth. Nic. 1094b 14f.). Die Argumentation der Ethik ist dadurch von Gesetz und Sitte unterschieden, daß sie die Infragestellung der Geltungsansprüche von beiden zur Voraussetzung hat. Da diese Infragestellung durch die Entgegensetzung zu dem, was von Natur aus ist, wie es ist, erfolgte, mußte sich die ethische Argumentation auf die Frage nach der Natur des Menschen einlassen, um auf ihrem Boden darzutun, daß der Inhalt von Gesetz und Sitte sehr wohl eine Basis in der Natur des Menschen hat und eben *darum* für alle Menschen verpflichtend ist. Die ethische Argumentation zielt also auf eine Neubegründung des Geltungsanspruchs von Gesetz und Sitte, zugleich allerdings auch auf eine Reform ihres Inhalts auf der Basis des für den Menschen und für die menschliche Gemeinschaft *von Natur aus* Guten. Sie wendet sich dabei zunächst an den einzelnen, der nach Orientierung für sein individuelles Verhalten sucht. Entsprechend sind schon Sokrates und Platon verfahren, und in diesem Sinne hat auch Aristoteles – der Schüler Platons, der seine Lehre als die abschließende systematische Darstellung des von Sokrates ausgegangenen Philosophierens verstand – seine Ethik als Tugendlehre entwikkelt.

Die Entstehungssituation der Ethik zeigt viele Gemeinsamkeiten mit der Krise des moralischen Normbewußtseins, die unsere Gegenwart kennzeichnet. Daher ist es kein purer Anachronismus, wenn Alasdair MacIntyre nach seinem Aufweis des Chaos, in das die Vernunftethik der Aufklärung durch den moralphilosophischen Intuitionismus und Emotivismus der Gegenwart gemündet ist, die Rückkehr zu Aristoteles empfiehlt. Doch wie tragfähig ist dessen Begründung der Ethik?

2. Ethik als Aufklärung über die Frage nach dem Guten

Bei der aristotelischen Ethik handelt es sich um eine bestimmte Version der von Sokrates als Weg zur ethischen Einsicht entwickelten Frage nach dem Guten. Das ist eine ganz andere Argumentationsform als Heraklits Rückgang von den menschlichen Gesetzen auf den einen, göttlichen Nomos, der ihr Maßstab sein sollte. Der infolge der Kritik der Sophisten umstrittene Begriff des Nomos spielte in der sokratischen Schule bei der Grundlegung der Ethik gar keine oder eine nur untergeordnete Rolle. Statt dessen ließ man sich ebenso wie die Sophisten auf eine Untersuchung des menschlichen Strebens und seiner Ziele ein. Der Begriff des Guten wird zunächst eingeführt als Problembegriff, ohne inhaltliche Bestimmtheit. Er bezeichnet einfach das Korrelat des menschlichen Strebens: *Das Gute ist das, wonach die Menschen streben*, und sie erstreben etwas in der Meinung, daß es gut für sie sei. Daran läßt sich die Frage anschließen, ob das Erstrebte auch *wirklich* gut für den Menschen ist oder sich vielleicht geradezu als verderblich für ihn erweist. Das ist der Ansatzpunkt der ethischen Reflexion als Aufklärung über den eigentlichen Sinn und Inhalt dessen, worauf unser menschliches Streben sich richtet.

Diese sokratische Fragestellung, mit der auch Aristoteles im ersten Kapitel seiner Nikomachischen Ethik einsetzt, hat Anlaß zu einer Reihe von Einwänden gegeben. Die beiden wichtigsten Einwände besagten *erstens*, daß es sich dabei um einen falschen Naturalismus handle, der das Wesen ethischer Urteile verkenne, und *zweitens*, daß die moralische Situation des Menschen hier intellektualistisch verzeichnet werde, so als ob das moralisch schlechte Handeln nur auf Unkenntnis über das wahrhaft Gute beruhe, so daß die irrationalen Motive menschlichen Verhaltens unterschätzt werden. Beide Vorwürfe sind m.E. irreführend.

Der erste Vorwurf ist von George Edward Moore erhoben worden. Er bezeichnete es als *naturalistic fallacy*,[43] wenn man den Begriff des Guten verwechsle mit irgendeinem natürlichen Objekt der Lust oder Begierde. Der Ausdruck »gut« werde vielmehr verwendet in Urteilen der Billigung oder Mißbilligung, die nicht in der natürlichen Beschaffenheit von etwas, sondern im Verhältnis des Urteilenden dazu begründet seien. Diese Argumentation ist jedoch eng mit Moores eigener »intuitionistischer« Ethik verbunden, in der ethische Urteile sich grundsätzlich wie subjektive Geschmacksurteile darstellen. Die Frage nach dem Guten hingegen bezieht sich auf etwas, das *an sich* gut ist, vor unserer Urteilsbildung darüber, so daß das Gute von unserer Urteilsbildung nicht nur richtig getroffen, sondern auch verfehlt werden kann. Dennoch ist das Gute nicht einfach ein »vorhandenes« Objekt. Nur das Begehren der Menschen, ihr Streben nach dem Guten, ist eine empirisch feststellbare Tatsache. Die Stärke des sokratischen Ansatzes der Ethik bei der Frage nach dem Guten besteht gerade darin, daß er ebenso wie die Sophisten empirisch einsetzt, bei der Realität des menschlichen Lebensvollzugs, dann aber darüber hinausführt zu dem, was noch nicht ist, sondern sein soll, und zwar sein soll insofern das Streben sich darauf richtet. Der Übergang von dem, was ist, zu dem, was sein soll, wird nicht nur vom Ethiker vollzogen, so als ob dieser der Wirklichkeit des Menschen als Gesetzgeber gegenübertritt, indem er ihn mit einem Sollen konfrontiert – oder auch eine unableitbare Stellungnahme vollzieht im Sinne von Moore. Vielmehr ist der Mensch selbst, jeder Mensch, in seinem Lebensvollzug der Übergang von dem, was ist, zu dem, was sein soll. Das ist der Sinn der These, daß das Gute das ist, was wir erstreben, obwohl wir es oft verfehlen, weil das, was wir für das Gute halten, in Wahrheit nicht gut für uns ist.

An dieser Stelle erhebt sich nun aber der andere Einwand: Der sokratische Ansatz der Ethik sei »intellektualistisch«, heißt es, weil das Verfehlen des Guten auf mangelnde Einsicht in sein Wesen zurückgeführt werde. Demgegenüber gehöre es zur Wirklichkeit des Menschen, daß wir zwar den Anspruch des Guten kennen, aber dennoch nicht das Gute tun. So scheint Paulus Röm 7,22f. die Situation des Menschen beschrieben zu haben: »Mit dem Gesetz Gottes bin ich in meinem Innern freudig einverstanden, doch sehe ich ein anderes Gesetz in meinen Gliedern, das dem Gesetz meiner Vernunft widerstreitet und mich zum Gefangenen der Sünde macht, deren Gesetz in meinen Gliedern wirksam ist«. Handeln wir also dem eindeutig als gut Erkannten entgegen? Oder gibt es in uns einen Zwiespalt im Hinblick auf das Gute selbst?

Paulus gebraucht den Begriff des Guten anders als die sokratische Ethik. In der sokratischen Schule benennt der Begriff dasjenige, wonach die Menschen in ihrem Streben eigentlich verlangen, auch wenn sie nicht wissen, was das letztlich ist. Die Aufklärung darüber, wonach wir eigentlich streben, indem wir nach dem für uns Guten verlangen, bildet hier den Gegenstand der ethischen Untersuchung. Bei Paulus dagegen ist der Inhalt des Guten schon eindeutig bestimmt, nämlich nach dem Kriterium des göttlichen Gesetzes. Es handelt sich dabei auch nicht in erster Linie um das *für mich* Gute, wie bei dem Problembegriff des Guten in der sokratischen Schule, sondern um das vor Gott Gute, das mir allerdings als Gottes Gebot »zum Leben gegeben« ist (Röm 7,10). An diesem letzteren Punkt hängen der paulinische und der sokratische Gedanke des Guten zusammen. Doch während bei Paulus der Wille Gottes den Ausgangspunkt bildet, die Wirkung »zum Leben« nur den von Gott intendierten Zweck des Gebotes bezeichnet, fungiert in der sokratischen Fragestellung umgekehrt die Wirkung für mich (als »gut für mich«) als Ausgangspunkt der Untersuchung darüber, worin das Gute bestehe, das sich letzten Endes als »gut für mich« erweist. Der Gottesgedanke und die Vorstellung des göttlichen Gesetzes kommen hier allenfalls als mögliches Resultat des Forschens nach dem Guten in Betracht. So kann es denn in der sokratisch-platonisch-aristotelischen Perspektive auch vorkommen, daß wir auf der Suche nach dem für uns Guten das wahrhaft Gute verfehlen. Der Irrtum über das Gute ist sogar allgemein verbreitet. Doch solcher Irrtum braucht nicht nur Ausdruck intellektuellen Versagens zu sein. Er steht vielmehr in Zusammenhang mit unserer Neigung, uns an das sinnlich Gegebene zu halten und von den sinnlichen Gegenständen die Befriedigung unseres Strebens zu erwarten. Dieser Sachverhalt entspricht durchaus dem, was Paulus das »andere Gesetz in meinen Gliedern« nennt, nämlich das Gesetz der Begierde (Röm 7,7f.), die dem Gesetz Gottes widerstreitet. Unsere Begierden lassen uns, sokratisch-platonisch gesprochen, etwas anderes als für uns »gut« erscheinen als das Gesetz Gottes. Die Begierde sagt mir, daß der Gegenstand ihrer Neigung mir besser »zum Leben« dient als das Gebot Gottes. Daher heißt es bei Paulus, daß gerade die Zielbestimmung des Gebotes, mir zum Leben zu verhelfen, Anlaß gibt zum »Angriff« der Sünde auf mich, indem sie mir sagt: Etwas anderes dient mir besser zum Leben, ist also eher »gut« für mich. Dadurch, sagt Paulus, »betrog« mich die Sünde, indem sie mir in Wirklichkeit statt des erstrebten Lebens den Tod einbringt (Röm 7,11). Der Apostel beschreibt also einen Konflikt im Menschen über das Gute selbst: Obgleich Paulus meint, unser »innerer Mensch« (unser Verstand) müsse dem Gebot Gottes, daß es gut für uns (nämlich uns zum Leben gegeben) sei, zustimmen, spiegeln unsere Begierden uns andere Bilder des für uns Guten vor. Ganz ähnlich geht auch der sokratische Ansatz der Frage nach dem Guten davon aus, daß die Menschen gewöhnlich irrationalen Motiven folgen hinsichtlich der Frage, was für sie gut ist. In diesem Sinne ist die sokratische Ethik keineswegs intellektualistisch. Sie behauptet nicht einmal, daß unser Verstand immer schon eindeutig das wahrhaft Gute kenne. An diesem Punkt ist Paulus intellektualistischer als die Sokratiker, weil er ohne weiteres annimmt, unser Verstand stimme dem Gesetz Gottes zu. Der sokratische Ansatz der Ethik behauptet lediglich, daß wir der Aufklärung bedürfen über das, worin unser Verlangen und Streben wahre Befriedigung, volles Genüge finden kann. Die Sokratiker meinten allerdings auch, daß die philosophische Besinnung zu solcher Aufklärung verhelfen kann. Ob die Menschen der philosophischen Einsicht dann auch tatsächlich folgen, steht jedoch auf einem anderen Blatt. Insofern dürfte der Vorwurf des Intellektualismus fehl am Platze sein. Denn diejenigen, die der philosophischen Einsicht nicht folgen, werden sich so verhalten, weil sie aus andern (irrationalen) Gründen etwas anderes für dasjenige halten, das ihnen gut tut und also für sie gut ist. Damit sind wir wiederum nicht weit von der paulinischen Beschreibung der menschlichen Situation in Röm 7 entfernt.

In welcher Weise haben nun die Sokratiker ihrerseits den wahren Begriff des Guten bestimmt, dasjenige also, worauf das Streben der Menschen, obwohl mehr oder weniger unwissend und von Irrtümern abgelenkt, in seiner Tiefe doch immer schon gerichtet ist? Halten wir uns zunächst wieder an Aristoteles. Das »höchste von allen Gütern, die man durch Handeln erlangen kann«, ist – so heißt es im zweiten Kapitel der Nikomachischen Ethik – das Glück, das im guten Leben und Handeln bestehe (1985a 18f.). Aristoteles berief sich dabei auf eine allgemein verbreitete Überzeugung. In der Tat kehrt diese These seit Demokrit von Abdera, einem älteren Zeitgenossen Platons, und seit der Sophistik immer wieder: das Glück, die *eudaimonia*, sei das eigentliche Ziel alles menschlichen Strebens. So hat schon Sokrates geurteilt, und auch bei Platon galt das Glück selbstverständlich als das höchste Ziel alles menschlichen Strebens. In nacharistotelischer Zeit stimmten so gegensätzliche Schulrichtungen wie die stoische und die epikuräische Ethik in diesem Punkt trotz aller sonstigen Gegensätze überein. Insofern ist fast alle antike Ethik – einschließlich der rigorosen Tugendlehre der Stoiker – »eudämonistisch« gewesen in dem später durch Kant vom Standpunkt eines reinen Pflichtprinzips aus kritisierten Sinne. Die antike Ethik begründete ihre Aussagen eben als Aufklärung über das, worauf die natürlichen Neigungen des Menschen eigentlich zielen, und trat nicht in Gegensatz dazu.

Was nun aber der Inhalt, das Wesen des Glücks sei, – so fährt Aristoteles fort, – darüber urteilen die Menschen verschieden, »und die Antwort der Menge lautet anders als die des Denkers. Die Menge stellt sich etwas Handgreifliches und Augenfälliges darunter vor, z.B. Lust, Wohlstand, Ehre: jeder etwas anderes. Bisweilen wechselt sogar ein und derselbe Mensch seine Meinung: wird er krank, so sieht er das Glück in der Gesundheit, ist er arm, dann im Reichtum« (1095a 20–25). Demgegenüber deutet Aristoteles eine Übereinstimmung der Denker an, über die er sich aber an dieser Stelle nicht weiter ausläßt. Sie besteht wohl darin, daß die Philosophen bei allen Unterschieden, die zwischen ihnen bestehen, die Güter der Seele, wie Demokrit einmal sagte (fg. 37), als die »göttlicheren« betrachten gegenüber den Gütern des Leibes. Im übrigen aber sind, wie gesagt, die Auskünfte der Philosophen über das Glück höchst unterschiedlich.

Eine Hauptform der philosophischen Auffassung vom Glück des Menschen war die Demokrits: »Das Beste für den Menschen ist, sein Leben so viel wie möglich wohlgemut und so wenig wie möglich mißmutig zu verbringen. Dies wird dann der Fall sein, wenn man nicht am Sterblichen seine Lust findet« (fg. 189). Die Lust wird hier als höchster Wert veranschlagt, obwohl nach Demokrit das größtmögliche Maß an Lust gerade nicht im sinnlichen Genuß zu finden ist. Ihren Hauptvertreter hat die Lustlehre Demokrits später in Epikur gefunden. Dabei blieb auch für Epikur – im Unterschied zu manchen seiner Anhänger – die Lust am Geistigen diejenige, welche die tiefere Befriedigung gewährt.

Auch Platon hat in seinen frühen Dialogen noch eine solche Auffassung von der Eudämonie im Sinne eines Hedonismus vertreten. Im Protagoras (351b ff.) führt der platonische Sokrates aus, das lustvolle Leben sei gut und erstrebenswert, das leidvolle aber von übel und möglichst zu meiden. Natürlich meint der Sokrates des Dialogs, daß nur der tugendhaft Handelnde beständige Lust erreicht. Dennoch gilt ihm (und also auch dem frühen Platon) die Lust als Kriterium des für uns Guten, und seine Auffassung von der Ethik muß insofern hedonistisch genannt werden. Man muß damit rechnen, daß auch der historische Sokrates einem solchen Hedonismus anhing.[44] Platon hingegen hat später, nämlich in seinem Dialog Gorgias, eine Wende vollzogen, indem er nun die Lehre bekämpfte, daß die erzielbare Lust Maßstab des Guten sei (Gorgias 482ff.). Das Hauptargument des platonischen Sokrates gegen das in diesem Dialog 495a ff. von Kallikles verfochtene Lustprinzip besteht in dem Hinweis, daß die empfundene Lust deshalb kein Kriterium für den Unterschied zwischen gut und schlecht sein könne, weil die schlechten Menschen bei ihrem Tun unter Umständen ebensoviel Lust empfinden wie die guten, oder sogar noch mehr (497e–499b). Daraus ergibt sich die Folgerung, daß nicht die Lust, sondern nur die Gegenwart des Guten (497e), die durch die Erkenntnis des Guten als eines solchen vermittelt ist, dasjenige ist, wodurch die Guten gut sind. Hier bricht sich bei Platon die für die Ethik grundlegende Einsicht Bahn, daß Lust nicht Kriterium des Guten, sondern nur eine für sich allein zweideutig bleibende Begleiterscheinung seiner Gegenwart ist. Darum kann der platonische Sokrates im Phaidon spotten über diejenigen, die, um den rechten Weg zu finden, das Mehr oder Weniger des zu erwartenden Lustgewinns abwägen, anstatt alle Fragen nach der zu erlangenden Lust beiseite zu lassen und sich dem Anspruch des Guten um seiner selbst willen zuzuwenden, so wie es sich der Vernunfterkenntnis darbietet (Phaidon 68b ff.). Allerdings konnte Platon die Beziehung des Guten zu einer aus seinem Besitz zu gewinnenden Lust nicht gänzlich abweisen. Das ist im Begriff des Guten selber begründet, nämlich im Wesen des Guten als Idee. Julius Stenzel hat in seinem grundlegenden Werk über die Entwicklung der sokratischen Schule gezeigt, daß für Platon die Ideen nicht nur Urbilder der Dinge sind, sondern primär dasjenige, *worumwillen* die Dinge sind, wonach sie also streben und wovon sie ihre Wesenserfüllung erstreben. Das gilt insbesondere auch von der Idee der Ideen, der Idee des Guten, die die Wesensnatur jeder Idee zum Inhalt hat, nämlich eben die teleologische Beziehung der Dinge auf das Ziel ihrer Wesensverwirklichung.[45] Darum ist das Gute dasjenige, in dessen Gegenwart oder Besitz alles Streben volle Befriedigung finden würde, wenn dieses Ziel nur vollkommen zu erlangen wäre. Weil dies das Wesen des Guten ist – sein Begriff also immer eine Relation zu dem Subjekt, das nach ihm verlangt, einschließt, – darum konnte Platon der Frage nach der Lust als Anzeichen für die Erlangung des Guten nicht ausweichen. Die Gegenwart dessen, das gut ist für ein Subjekt, muß lustvoll sein. So mußte Platon sich im »Staat« (577c–586c) und in den »Gesetzen« (732e ff.) wieder auf Diskussionen über das Verhältnis des Guten zur Lust einlassen. Entgegen dem Argument des Gorgias hat der späte Platon behauptet, daß die Lustempfindung der Schlechten und der Sinnesmenschen nur auf Täuschung beruhe: Wahre Lust kann nur durch tugendhaftes Verhalten erlangt werden. Das ist wohl eher eine Verlegenheitsauskunft, weil kaum empirisch ausweisbar. Die Verlegenheitsauskunft Platons zeigt die Schwierigkeiten, die es ihm bereitete, den im Gorgias erkannten Vorrang des Guten gegenüber der Lusterfahrung als Kriterium der ethischen Untersuchung festzuhalten.

Diese Frage ist nicht nur im Blick auf die platonische Ethik wichtig. Sie erwies sich als ein Kernpunkt auch der modernen ethischen Diskussion über den Eudämonismus. Die meisten ethischen Theorien der Neuzeit haben – vor allem im Gefolge der empiristischen Philosophie – das natürliche Glücksverlangen des Menschen als Basis der ethischen Argumentation beibehalten. Dagegen ist vor allem Kant aller Begründung der Ethik auf das natürliche Glücksstreben des Menschen entgegengetreten. Doch die schroffe Entgegensetzung der Norm gegen alles Glücksstreben und gegen das damit verbundene Lustverlangen ist mit den Gefahren des ethischen Rigorismus verbunden: Die ethischen Forderungen werden dann leicht als heteronome Zumutung abgelehnt. Die Menschen können sich dann nicht mehr identifizieren mit dem Inhalt der Forderung. Demgegenüber besteht die überlegene Weisheit des sokratisch-platonischen Ansatzes in der Einsicht, daß zum Begriff des Guten selber die Beziehung auf den Menschen gehört, *für den* das Gute gut ist und der darum nach seiner Verwirklichung strebt, um dadurch seine eigene Wesensverwirklichung, seine Identität zu gewinnen, antik gesprochen: die Eudämonie.

Mit der Relativität des nicht von vornherein auf Moral eingeengten Begriffs des Guten auf den nach dem für ihn Guten Strebenden ist allerdings die Problematik verbunden, daß die mit der Erlangung oder dem Besitz eines Gutes verbundene Befriedigung oder Lust sich als Kriterium für den Begriff des Guten selber aufdrängt. Demgegenüber ist der Vorrang des Guten vor der Lust, die man sich davon versprechen mag, eine bleibend gültige Einsicht Platons. Sie ist auch von den führenden Wertethikern unseres Jahrhunderts, von Max Scheler und Nicolai Hartmann, festgehalten worden. So heißt es bei Scheler (ganz ähnlich wie in Platons Gorgias): »Der Mensch strebt« in erster Linie »nach *Gütern*, und nicht nach Lust an den Gütern«.[46] Die phänomenologisch arbeitende Wertethik faßte die sittliche Lebensthematik des Menschen als ein Streben nach Werten als Gestalten des Guten auf. Im Unterschied zur platonischen Ethik steht dabei an der Stelle der Einheit des Guten zunächst eine Pluralität von Werten oder Gütern. Auf die mit dem Wertbegriff verbundene Problematik ist später noch einzugehen. Hier soll zunächst nur der Zusammenhang mit der auf Sokrates und Platon zurückgehenden Frage nach dem Guten hervorgehoben werden. Dieser Zusammenhang wird besonders in der Betonung des Vorrangs der Frage nach dem Guten vor dem Glücksinteresse der Individuen deutlich: »Alle *Gefühle* von Glück und Unglück sind auf das *Fühlen von Werten* fundiert, und das tiefste Glück, die vollendete Seligkeit, ist durchaus seinsabhängig vom Bewußtsein der eigenen sittlichen Güte«.[47] Dabei betonte Scheler gegen Kant, man dürfe das sittlich Gute und das menschliche Glücksverlangen nicht auseinanderreißen.[48] Nur begründet das Glück eben nicht den sittlichen Wert, sondern folgt aus der Anhänglichkeit an ihn. Ähnlich hat der andere führende deutsche Wertethiker, Nicolai Hartmann, geurteilt: Glück »ist der begleitende Gefühlswert zu allem realen, bewußten Wertbesitz«, aber es ist nicht selbst der führende Wert, noch auch »der wahre Wertmaßstab«.[49] Diese Vorordnung des Guten (bzw. des intendierten Wertes) vor das mit seiner Bejahung verbundene Glücksgefühl wird bei Hartmann wie bei Scheler ergänzt durch die psychologische Beobachtung, daß das Glücksgefühl sich am ehesten da einstellt, wo die Aufmerksamkeit auf positive Werte gerichtet ist. Wenn sich das Streben unmittelbar auf das Glück oder die Lust richtet, bleiben diese erhofften Wirkungen oft aus. Nur die niedrigsten Freuden, sagt Scheler,[50] sind durch bewußt darauf gezieltes Handeln erreichbar. Das Streben nach Glück statt nach dem Guten, dem man dienen oder das man verwirklichen sollte, zerstört geradezu die Glücksfähigkeit: »... das Erstreben selbst vernichtet den Glückswert des Erstrebten«. Das wirkliche Glück »kommt immer als Geschenk«. Wer ihm nachjagd, den flieht es; wer aber »jenen primären Werten nachhängt, dem wird es als Realität zuteil«.[51]

Das Beispiel Platons zeigt jedoch, daß die Verkehrung des ethischen Strebens nach dem Guten in ein Streben nach Lust und eigenem Glück nicht so leicht zu vermeiden ist. Das Problem liegt in der Frage, was denn das Gute sei. Steht die Antwort darauf schon fest, dann ist die Forderung unabweisbar, man solle das Gute um seiner selbst willen wollen. Schwieriger ist es aber, wenn die Frage noch offen ist, was das Gute sei. Dann nämlich bedarf es eines Kriteriums zur Entscheidung dieser Frage, und dann drängt sich immer wieder die Glückserfahrung als die mit dem Besitz des Guten – als des Guten *für mich* – verbundene Folge als Kriterium auf. Das ist, wie sich zeigte, die Perversion des ethischen Themas, der Frage nach dem Guten. Diese Perversion findet sowohl im realen Leben als auch in der philosophischen Begründung der Ethik statt. Aus der Sicht der Theologie wird man darin die spezifisch ethische Variante jener Verkehrung in der Struktur des menschlichen Verhaltens erkennen, die die christliche Lehre als Sünde bezeichnet – die Umbiegung der Richtung auf das Gute, so daß das Streben der Menschen nun auf sie selber zentriert ist. Diese Verkehrung ereignet sich auch im Suchen nach dem Guten: Wo nicht für sich feststeht, was das Gute ist, da wird man aus der Logik der Sache immer wieder darauf zurückkommen, die erlangte oder erhoffte Befriedigung zum Maßstab für das zu erstrebende Gute zu machen.

Ein Beispiel für die Verkehrung der Frage nach dem Guten durch Umbiegung ihrer Richtung, so daß diese nun auf den Menschen selbst zielt, bildet schon die aristotelische Grundlegung der Ethik. Zwar setzte Aristoteles in der Nikomachischen Ethik mit der Frage nach dem Guten als Endziel des Handelns ein. Doch schon im nächsten Gedankenschritt setzte er das Gute mit dem Glück des Handelnden gleich.[52] Daß das Glück mit seiner Selbstbezogenheit nur Begleitphänomen der Gegenwart des Guten – sei es seines Besitzes oder schon seiner willentlichen Bejahung – ist, das wurde bei Aristoteles gar nicht mehr thematisiert, weil er das Gute mit dem Glück identifizierte und das Glück selbst als das Endziel *(telos)* alles menschlichen Handelns ausgab. Damit wurde der in Platons Gorgias betonte Vorrang des Guten vor der Lust (und damit doch auch vor der Eudämonie des Menschen) verwischt. Sicherlich ist das Glück nicht einfach identisch mit der Lust, da die Eudämonie im guten Leben besteht. Aber wenn die Eudämonie mit dem Guten identifiziert wird, ist es unvermeidlich, daß die dadurch zu erlangende Befriedigung, also die Lust, zum letzten Kriterium für das Gute wird. Diese Verwischung der platonischen Differenzierung bei Aristoteles ist aber kein Zufall, sondern bahnte sich schon bei Platon selber an als Folge daraus, daß das Gute in der gegenwärtigen Erfahrung der Menschen von dem für sie Guten gefunden oder wenigstens bewahrt werden muß. Dieselbe Zurückbiegung der Frage nach dem Guten auf das handelnde Subjekt zeigt sich dann auch in Aristoteles' weiterer Erklärung, daß das Glück als Wesenserfüllung des Menschen nicht als ein bloßer Zustand aufgefaßt werden dürfe, sondern in einem dem menschlichen Wesen entsprechenden *eigenständigen Tätigsein* gesucht werden müsse (Eth. Nic. I, 6; 1098a 7). Diese Überlegung führt dann zu dem Ergebnis, das für den Menschen Gute bestehe im Tätigsein der Seele entsprechend der ihr wesensgemäßen Tüchtigkeit (1098a 16). Auf diesem Wege kam Aristoteles also von seiner Ausgangsfrage nach dem höchsten Gut zu seiner Darstellung der Ethik als Tugendlehre. Die Richtung der Frage auf das intendierte Ziel des Handelns wird dabei zurückgebogen auf das handelnde Subjekt, so daß die Frage nach dem Guten zur Frage nach der Form des menschlichen Handelns wird. Aber wie kann das höchste Gut im Handeln selbst, sei es auch in einer bestimmten Form des Handelns liegen, wenn es doch das *Ziel* alles Strebens und Handelns sein soll? Bei Aristoteles stellte sich diese seltsame Verschiebung seiner Ausgangsfrage nur dadurch ein, daß der Begriff des Guten selber auf die Subjektivität dessen, für den es gut sein soll, zurückweist und darum mit dem Thema der Glückseligkeit des Handelnden vertauscht werden kann.

3. Die christliche Umformung der platonischen Frage nach dem Guten

Bei Aristoteles zeigte sich, wie die ethische Frage nach dem Guten durch ihre Verbindung mit dem Interesse des Fragenden an seinem Glück und durch die Verknüpfung dieses Interesses mit dem Gesichtspunkt des menschlichen Lebens als eines tätigen zur Darstellung der Ethik als Tugendlehre führte. Auch andere Formen nachsokratischer Ethik sind als Tugendlehre entwickelt worden, so besonders die stoische Ethik. Sie unterschied sich allerdings von Aristoteles darin, daß sie das Wesen der Tugend nicht in einer Bewegung der Seele, sondern gerade in der Seelenruhe erblickte, im Gegensatz zur Unruhe der Leidenschaften, die durch Sinnesreize und sinnliche Vorstellungen im Menschen aufgeregt werden.[53] Gegen die stoische Behauptung, daß die Eudämonie in der Tugend bestehe, die der Weise besitze, richtete nun Augustin seinen Spott: Wie kann ein Dasein selig genannt werden, das so kummervoll, so vielen Versuchungen ausgesetzt ist und sogar in seiner höchsten Betätigung noch irrt und schwankt wie das Leben der stoischen Weisen? Diese Kritik hätte Augustin auch gegen die aristotelische Identifikation von Glückseligkeit und Tugend richten können. Doch im Falle der Stoiker hatte der Spott Augustins noch eine besondere Pointe wegen der stoischen Empfehlung des Selbstmordes für äußerste Notlagen; denn wer könnte raten, ein so glückseliges Leben wie das des stoischen Weisen einfach wegzuwerfen?[54]

Augustin konnte so reden, weil es ihm als einem Erben des spätantiken Pessimismus und Dualismus selbstverständlich geworden war, daß im gegenwärtigen, irdischen Leben überhaupt keine Glückseligkeit zu erlangen ist. Wenn diese Überzeugung einmal feststeht, dann wird es natürlich sinnlos zu fordern, das Gutsein jedes behaupteten Guten müsse sich daran bewähren, daß es dem, der ihm anhängt, schon in diesem Leben größtmögliche Befriedigung und Lust, also Glückseligkeit verschafft. Die Frage nach dem Guten wurde unter solchen Bedingungen unabhängig von der Möglichkeit einer gegenwärtig erreichbaren Glückseligkeit. Das heißt aber nicht, daß die Frage nach dem Guten von aller davon zu erhoffenden Seligkeit abgelöst würde. Denn solche Hoffnung ist unauflöslich mit dem Wesen des Guten als dessen, was gut ist für den Menschen, verbunden. *Nur darum, weil Augustin einer Seligkeit jenseits dieses irdischen Lebens gewiß war in Hoffnung, konnte er dem von Platon im Gorgias betonten Vorrang des Guten vor der Lust entschiedener als Platon selbst gerecht werden.* Diese Gewißheit ist bei Augustin vermittelt durch den Gottesgedanken: Inbegriff des Guten ist ihm der Gott, der uns in Christus die künftige Seligkeit verheißt. Immer wieder hat Augustin hervorgehoben, daß nur in Gott die vollkommene Freude zu finden ist. So heißt es in den Konfessionen: Das ist das selige Leben, sich auf dich hin zu freuen, über dich und um deinetwillen; das und nichts anderes ist Seligkeit.[55] Daher soll die Liebe der Menschen allein auf Gott gerichtet sein; denn nur von ihm können wir unsere Seligkeit erhoffen.[56] Augustin benutzte für die Beschreibung des Zustands der Seligkeit den Terminus *frui*, genießen, als Bezeichnung für das um seiner selbst willen, als Selbstzweck, Gewollte, im Unterschied zu dem, was wir als Mittel zum Zweck gebrauchen *(uti)*. Die Seligkeit des Genusses gewährt allein dasjenige, das wir um seiner selbst willen lieben.[57] Umgekehrt kann nur das höchste Gut, also Gott, Quelle wahrer Seligkeit sein, weil nur Gott mit Recht um seiner selbst willen geliebt wird. Darum dürfen wir in diesem sterblichen Leben als Pilger zum ewigen Vaterland die Güter dieser Welt nur als Mittel gebrauchen.[58] Daß das Ziel im Unterschied zu den Mitteln um seiner selbst willen gewählt wird, hatte auch Aristoteles schon gesagt (Eth. Nic. I, 5; 1097a 31 und 33). Doch im Unterschied zu Augustin war für Aristoteles die Glückseligkeit, und zwar die schon in diesem Leben im eigenen Tätigsein zu gewinnende Seligkeit, das höchste Ziel (1097a 34f.), während bei Augustin allein Gott um seiner selbst willen zu erstreben, also zu lieben ist. Weil dieser Gott auch nicht nur mit der platonischen *Idee* des Guten identisch, sondern ein persönliches Gegenüber ist, das uns eine Seligkeit über dieses Leben hinaus verbürgt, darum konnte bei Augustin der Vorrang des Guten vor dem Glücksinteresse der Menschen gewahrt werden. Wenn dagegen Gott zum Mittel der Selbstliebe des Menschen gemacht wird, also zum Mittel des Seligkeitsstrebens, so kennzeichnet das nach Augustin die Verkehrung in der Struktur der Liebe, die den Kern der Sünde bildet.[59] Das der aristotelischen Ethik zugrunde liegende Menschenbild des Glückseligkeitsstrebens ist also in der Perspektive Augustins immer schon Indiz der sündhaften Perversion im menschlichen Verhalten.

So ist bei Augustin der Bannkreis des Eudämonismus durchbrochen, ohne daß sein Wahrheitsmoment aufgegeben würde: Die Seligkeit bleibt Begleiterscheinung und Folgewirkung des Sichhaltens an Gott als das höchste Gut. Aber sie ist nun nicht mehr Kriterium dafür, daß Gott das höchste Gut ist. Das ist schon dadurch ausgeschlossen, daß die Vollendung der Seligkeitswirkung, die von Gott ausgeht, nicht in diesem Leben, sondern erst im Jenseits zu erwarten ist. Das Kriterium dafür, daß Gott das höchste Gut ist, geht damit von der Ethik auf die Dogmatik über, weil die Dogmatik Gott als dasjenige Wesen denkt, dem es aufgrund seiner Funktion als Schöpfer und Herr der Welt zukommt, von den Geschöpfen als das höchste Gut angesehen und über alle Dinge geliebt zu werden. Das heißt: Die Seligkeit ist nicht mehr unmittelbar als Folge der Gegenwart des Guten erfahrbar, sondern sie wird als Wirkung des geglaubten Guten erhofft.

Von dieser künftigen Seligkeit hat der Mensch, der Gott erkennt, allerdings bereits einen Vorgeschmack: Die Erkenntnis des Ewigen ist schon seliges Leben.[60] Mit dieser Kenntnis verbindet sich die Liebe zu Gott, das *frui Deo*, und aus dieser Liebe ist nach Augustin alles wahrhaft gute Handeln motiviert. Augustin hätte also dem Satz Schelers zustimmen können, daß ein aus der Erkenntnis des Guten gewonnenes Glücksgefühl »die Wurzel und die Quelle der Tugend« ist.[61] Scheler hat es mit Recht als Besonderheit der christlichen Ethik gegenüber der stoischen hervorgehoben, daß das Empfinden nicht wie in der Ataraxie des stoischen Weisen abgestumpft werde, so daß »man Schmerz und Unglück noch leiden, aber gleichwohl *selig* leiden konnte«,[62] – selig, weil in der Erkenntnis Gottes und erfüllt von Liebe zu ihm. Diese auch von gegenwärtigem Unglück und Schmerz nicht auszulöschende Seligkeit ist nun aber nur deswegen unangreifbar, weil sie auf der hoffnungsvollen Vorwegnahme der künftigen, jenseitigen Seligkeit beruht; denn das gegenwärtige Leben gibt freilich keinen hinreichenden Anlaß zur Seligkeit. Nicht schon die Erfahrung des Guten als eines Wertes, sondern erst die Erlangung des Guten als des meine Bedürftigkeit erfüllenden Gutes vermag Seligkeit zu gewähren. Darum schreibt Augustin, daß wir, wenn wir Gott folgen, – nämlich seinen Willen befolgen, – gut leben; doch nur wenn wir Gott selbst – Gemeinschaft mit ihm – erlangen, leben wir selig.[63] Das aber geschieht dann, wenn wir Gott über alle Dinge und um seiner selbst willen lieben. Denn diese Liebe des *frui Deo* hat das Geliebte schon gegenwärtig.[64] Die künftige Seligkeit ist in der Liebe schon Gegenwart. Das entspricht der urchristlichen Dialektik des »schon« und »noch nicht« des eschatologischen Heils, der Gegenwart der Gottesherrschaft. Die gegenwärtige Heilsteilhabe hat ihren Grund in der künftigen, in der Zukunft des Reiches Gottes. Bei Augustin ist freilich diese eschatologische Spannung des urchristlichen »schon« und »noch nicht« der Heilsteilhabe umgesetzt in eine platonische Denkform: Die gegenwärtige Teilhabe an der Seligkeit ist durch Erkenntnis des Ewigen begründet und besteht in der liebenden Hinwendung zu ihm, im *frui Deo*. Sie ist nicht als Vorwegnahme der Zukunft Gottes im Akt des Glaubens beschrieben. Doch trotz der darin liegenden Ermäßigung der urchristlichen Spannung zwischen »schon« und »noch nicht« ist in Augustins Denken doch die Hoffnung auf die jenseitige Vollendung in ihrer Differenz zum gegenwärtigen irdischen Leben konstitutiv für den schon gegenwärtig in der Gottesliebe erfahrbaren Vorgeschmack der Seligkeit.

In welcher Weise hat nun aber Augustin aus der Liebe zu Gott als dem höchsten Gut eine Ethik begründet? Das läßt sich am besten den Ausführungen seiner Schrift *De doctrina christiana* entnehmen, aus denen bereits die Unterscheidung von *uti* und *frui* und die Forderung nach Beschränkung des Genießens auf das Verhältnis zu Gott, der allein über alle Dinge zu lieben sei, zitiert wurde. Diese These Augustins hat nämlich zur unmittelbaren Konsequenz, daß alles andere außer Gott nur in Hinordnung auf ihn zu lieben, also zu »gebrauchen« *(uti)* ist: Während Gott allein um seiner selbst willen zu lieben ist, darf alles andere nur um Gottes willen, also in Hinordnung auf ihn geliebt werden. Das gilt schon für das eigene Ich des Menschen: Er darf sich selber nicht um seiner selbst willen lieben, und so ist auch der Nächste, der Mitmensch, um Gottes willen und auf Gott hin zu lieben. So deutet Augustin das biblische Gebot der Nächstenliebe: Wir sollen den Nächsten lieben »wie uns selber«, also gerade nicht als Selbstzweck, sondern in Hinordnung auf Gott und daher mit dem Ziel, daß die Mitmenschen ebenso wie wir selber Gott allein um seiner selbst willen lieben, nämlich von ganzen Herzen, aus ganzer Seele und mit ganzer Kraft.[65]

Den Gedanken, daß alle Dinge auf Gott als das höchste Gut zu beziehen und so zu »gebrauchen« sind, entwickelte Augustin weiter durch seine Klassifikation der möglichen Gegenstände der Liebe. Es gibt vier solche Gegenstandsarten, denen unser Streben sich zuwenden kann: Das, was über uns ist, nämlich Gott; das, was wir selber sind, das, was neben uns ist (die Mitmenschen), und schließlich das, was unter uns ist.[66] Dabei verstehe sich die Selbstliebe und der Gebrauch dessen, was unter uns ist – nämlich des eigenen Körpers und dessen, was ihm dienlich ist, – von selbst, so daß hier nur der *Modus* der Liebe zu uns selber und zu den Dingen Gegenstand von Geboten sein mußte,[67] während das Liebesgebot sich darauf beschränken konnte, die Liebe zu Gott und zum Nächsten zu gebieten.[68]

Es ist interessant zusehen, wie hier der biblisch begründete Begriff des Gebotes *(praeceptum)* eingeführt wird. Er findet nämlich nur Anwendung auf das, was nicht schon von Natur aus selbstverständlich geschieht: Von Natur aus liebt nach Augustin ein jeder sich selber und seinen eigenen Körper. Dazu bedarf es keiner Gebote. Daß hingegen Gott und die Mitmenschen geliebt werden, versteht sich nicht von selbst und muß darum ausdrücklich geboten werden. Entsprechendes gilt aber auch von der *Art und Weise*, wie wir uns selbst, unsern Körper und die körperlichen Dinge lieben sollen – nämlich nicht im Übermaß. Die Verbindlichkeit des Gebotes ist bei Augustin abgeleitet aus dem, was über uns ist, nämlich aus Gott.[69] Anderwärts sprach Augustin von dem ewigen Gesetz *(lex aeterna)*, dessen Kenntnis unserem Geist eingeprägt ist[70] und auf dem alle zeitlichen Gesetze beruhen.[71] Es kommt zum Ausdruck in der goldenen Regel von Mt 7.12, die Augustin in ihrer negativen Form als allgemein verbreitetes Sprichwort *(proverbium)* zitieren konnte.[72] Derselbe Inhalt ist im biblischen Dekalog als Gottes Gebot offenbart.

Damit ist nun ein weiter Weg zurückgelegt: von der platonischen Frage nach dem Guten zum Gedanken Gottes als des höchsten Gutes des Menschen, das allein um seiner selbst willen zu lieben ist, und von da aus weiter über die Hinordnung alles anderen auf Gott zum Begriff des Gebotes. Die christliche Umformung der platonischen Frage nach dem Guten besteht dabei 1. in der bei Platon schon angebahnten Identifizierung des höchsten Gutes mit Gott, 2. in dem darauf begründeten Gedanken einer jenseitigen, in diesem Leben nicht voll erreichbaren Seligkeit, die nur in der Gotteserkenntnis und Gottesliebe schon gegenwärtig zugänglich ist, 3. in der Hinordnung aller anderen Gegenstände des Wollens auf Gott und 4. in der damit verbundenen Einführung des Begriffs des Gebotes, der seinerseits auf der Vorstellung einer göttlichen *lex aeterna* beruht, deren Inhalt als *lex naturalis* unserem Geiste eingeprägt ist (goldene Regel) und im Dekalog als Gottes Gebot geschichtlich offenbart wurde.

In der Tradition dieser christlichen Umformung des platonischen Ansatzes der Ethik entwickelte sich die christliche Ethik des lateinischen Mittelalters, auch da, wo sie sich die aristotelische Tugendlehre zueigen machte, also maßgeblich bei Thomas von Aquin. Ähnlich wie Augustin ordnete auch Thomas die Hoffnung auf Glückseligkeit der Erkenntnis Gottes als des höchsten Gutes und letzten Zwecks aller Dinge zu. Wie Augustin kannte auch Thomas eine gegenwärtige Antizipation der Seligkeit der Gottesgemeinschaft, deren Vollendung der Zukunft vorbehalten ist.[73] Die *intentio* des Willens, die auf Gott als das höchste Gut gerichtet ist, will mit Gott als dem letzten Zweck notwendigerweise auch die Mittel, die zu dem dadurch gegebenen Ziel des Handelns führen, d.h. die endlichen Güter, die geeignet sind, den Menschen dem göttlichen Ziel näherzubringen.[74] Damit nahm Thomas in anderer, aristotelischer Formulierung die augustinische Unterscheidung und Zuordnung von *frui* und *uti* auf.[75] Um die Gerichtetheit *(intentio)* des Willens auf Gott, der das übernatürliche Ziel des Menschen ist, auszubilden und festzuhalten, bedarf es aber für den Menschen einer Gleichgestaltung *(conformitas* oder *ordinatio)* seines Wollens mit dem Willen Gottes.[76] Da der Mensch im Streben nach dem für ihn Guten, also nach seinem *bonum particulare*, von der Ausrichtung auf Gott als das höchste Gut abweichen kann,[77] bedarf es einer Disposition seines Willens, eines *habitus*, die ihn auf das höchste Gut ausrichtet.[78] So verband Thomas den aristotelischen Tugendbegriff mit der Ausrichtung des Willens auf Gott als das höchste Gut.

Die christliche Tugendlehre führte die antike, auf Platon und Aristoteles zurückgehende Lehre von den Kardinaltugenden fort, ergänzte sie aber durch die drei übernatürlichen, theologischen Tugenden Glaube, Hoffnung und Liebe. Die Kardinaltugenden wurden als Vervollkommnung der hauptsächlichen Triebkräfte der menschlichen Seele gedacht, die ihrerseits den verschiedenen Körperregionen des Menschen korrespondieren. Platon betrachtete den Kopf als den Sitz des Denkens, die Brustregion als Sitz des mutartig Ungestümen *(thymoeidés)* und die Bauchregion als Sitz der Begierden. Dementsprechend beschrieb er die Vervollkommnung des Menschen in diesen unterschiedlichen Aspekten seines Seins, die Weisheit als Vervollkommnung der Denkkraft, die Tapferkeit als Vervollkommnung (Disziplinierung) des mutartig Ungestümen in uns und die Mäßigkeit als Disziplinierung und daher auch Vervollkommnung der Begierden (Staat 4, 435b ff., vgl. schon 427d ff., sowie 580d–581c). Diese drei Tugenden geben jedem Teil unserer menschlichen Natur das ihm Zukommende – jedem das seine. Und so sind sie alle zusammengefaßt in der Tugend der Gerechtigkeit, die eben darin besteht, daß jeder Teil das Seinige tut (Staat 433a ff.). Aristoteles hat sodann die Beziehung der Gerechtigkeit auf den anderen betont, so daß zur Gerechtigkeit nicht nur gehört, daß jeder das Seine tut, sondern auch, daß jeder das Seine empfängt (Rhet. I, 9, 1366b 9ff., vgl. Eth. Nic. 1130b 30ff.).

In der christlichen Tugendlehre mußte die antike Lehre von den Kardinaltugenden und ihre Zusammenfassung in der Gerechtigkeit jedoch umgeformt und ergänzt werden, weil die bürgerliche Gerechtigkeit noch nicht der umfassende Ausdruck der Bestimmung des Menschen ist, sondern es darüber hinaus darum geht, daß im Sinne des biblischen ersten Gebotes Gott das Seine zuteil wird. Für die Ausrichtung des Menschen auf Gott aber bedarf es, weil Gott als das höchste Ziel die natürlichen Fähigkeiten des Menschen übersteigt, der übernatürlichen, durch Gottes Gnade verliehenen Tugenden des Glaubens, der Hoffnung und der Liebe, besonders der Liebe, die den Menschen auf das höchste Gut hinordnet und nach Thomas von Aquin Ursprung *(principium)* aller guten Werke ist.[79] In diesen Bezugsrahmen ordnete Thomas ähnlich wie schon Augustin die biblische Gesetzesüberlieferung ein als »die göttliche Unterweisung im Tugendleben«.[80] In seiner Summe gegen die Heiden hat Thomas das Gesetz als Bedingung der Selbständigkeit des Menschen behandelt, nämlich als Bedingung dafür, daß die Menschen sich selbst auf Gott als ihr höchstes Gut und Ziel ausrichten können.[81] Dazu nämlich bedürfen die Menschen einer Anleitung oder Regel ihres Handelns.[82] Die Theologische Summe behandelt das Thema des Gesetzes in einem stärker heilsgeschichtlich geprägten Zusammenhang, indem sie nach den augustinischen Unterscheidungen von *lex aeterna, lex naturalis* und *lex humana*[83] ausführlich vom Verhältnis des alttestamentlichen Gesetzes *(les vetus)* zum neutestamentlichen Gesetz *(lex nova)* handelt,[84] das im Unterschied zu jenem identisch ist mit der Gnade des Heiligen Geistes.[85]

Als Ergebnis ist festzuhalten, daß Thomas ähnlich wie Augustin – und noch präziser als dieser – die Begriffe des Gebotes und des Gesetzes in einen Bezugsrahmen eingeordnet hat, der durch die platonische Frage nach dem höchsten Gut (dem Guten an sich) und durch dessen Identifikation mit dem Gottesgedanken gegeben ist. Beide haben damit die biblische Vorstellung göttlicher Gebote bzw. eines göttlichen Gesetzes mit der anthropologischen Begründung der Ethik in der sokratischen Tradition verknüpft. Doch dazu gab es auch philosophische Ansatzpunkte außerhalb des Platonismus, Ansatzpunkte, in denen die Möglichkeit einer reinen Gebotsethik begründet ist.

4. Ethik als Pflichtenlehre

In seinen Erwägungen über Methoden der Ethik hat Trutz Rendtorff den Typus der »Gebotsethik« als die traditionelle Form theologischer Ethik bezeichnet.[86] Das ist für die von ihm zitierten Beispiele aus der neueren Geschichte der evangelischen Ethik sicherlich zutreffend. Dieser Sachverhalt läßt sich auf die reformatorische Lehre vom Gesetz und auf deren biblische Orientierung zurückführen. Doch in der älteren theologischen Ethik ist die Rede von göttlichen Geboten eingebettet in die platonische Frage nach dem Guten und nach dem höchsten Gut, wie sich beispielhaft an Augustins und Thomas von Aquins Ausführungen zur Begründung der Ethik zeigte.[87] Daneben gibt es einen direkten Rekurs auf »Pflichten«, die mit der Natur des Menschen gegeben seien. Diese Begründungsart geht zurück auf die stoische i.U. zur platonischen Ethik. Sie steht in engem Zusammenhang mit den Naturrechtslehren der Stoa und ließ sich besonders leicht mit der biblischen Überlieferung von göttlichen Geboten verbinden. Auch Augustins Aussagen über *praecepta* und deren Funktion sind aus diesen Quellen (besonders von Cicero) entnommen, aber in einem anderen (platonischen) Kontext eingeführt worden.[88] Die reformatorische Ethik dagegen mit ihrem direkten Rekurs auf göttliche Gebote, die allerdings im Anschluß an Röm 2,14f. als identisch mit dem Naturrecht galten,[89] steht in größerer Nähe zur stoischen Pflichtenlehre als zur sokratisch-platonischen Begründung der Ethik aus der Frage nach dem Guten. Damit erhebt sich das Problem, ob der Vorzug einer gewissen Vereinfachung ethischer Argumentation durch direkten Rekurs auf göttliche Gebote nicht durch einen zu hohen Preis erkauft ist. Umgekehrt gefragt: Hat nicht Augustin und hat nicht Thomas von Aquin im Anschluß an Augustin gute Gründe dafür gehabt, die Rede von göttlichen Geboten in den breiteren Begründungszusammenhang der sokratisch-platonischen Frage nach dem Guten einzuordnen? Diese Frage sei hier zunächst zurückgestellt zugunsten einer genaueren Betrachtung der stoischen Pflichtenlehre. Die Berufung auf diese Lehre mußte für die christliche Interpretation des biblischen Redens von Gottes Geboten naheliegen, wenn über den jüdischen Traditionsbereich hinaus die Allgemeingültigkeit der Gebote und ihrer Zusammenfassung durch Jesus im Liebesgebot für alle Menschen behauptet werden sollte.

Die stoischen Philosophen haben die platonisch-aristotelische Lehre von den vier Kardinaltugenden – Weisheit, Tapferkeit, Mäßigkeit, Gerechtigkeit – übernommen, suchten ihr aber eine andere psychologische Begründung zu geben. Sie griffen dabei auf Heraklits Lehre vom Logos zurück, der identisch ist mit dem die Welt durchwaltenden Gesetz (Nomos). An ihm hat der menschliche Geist Anteil, so daß in der Logosnatur des Menschen auch die Prinzipien des göttlichen Gesetzes angelegt sind: das ist die Wurzel des Naturrechts. Die zusammenfassende Formel der stoischen Ethik lautete nun: der Natur gemäß leben.[90] Das bedeutet sowohl, der kosmischen Ordnung gemäß leben, als auch: der eigenen Wesensnatur gemäß leben. In beiden Bereichen, in der äußeren wie in der inneren Welt, liegt die Herrschaft beim Logos. Doch das Naturgemäße hat zunächst einen weiteren Umfang als die sittliche Lebensführung. Dem entspricht die Weite des stoischen Begriffs der Pflicht: der Begriff der Pflicht *(kathekonta)* umfaßt alle dem Menschen von Natur aus zukommenden Handlungen. Dazu gehört beim Menschen wie bei allen Lebewesen bereits die Selbsterhaltung, sodann auch der Fortpflanzungstrieb, die Liebe der Eltern zu den Kindern, aber dazu gehören eben auch die der Vernunftnatur des Menschen entsprechenden Handlungen. Diese *kathorthómata* (richtige Handlungen) bilden also einen engeren Kreis im Gesamtumfang der Pflichten, und diesem engeren Kreis entsprechen die Tugenden, die jede auf ihre Weise auf die Herrschaft über die Affekte bezogen sind.

Die stoische Pflichtenlehre wurde durch Cicero in das römische Denken übertragen, und zwar im Anschluß an den Stoiker Panaitios aus Rhodos, der im 2. Jahrhundert vor Christus auch in Rom gewirkt hatte.[91] Das Hauptwerk des Panaitios »Über die Pflicht« bildet die Grundlage für Ciceros letzte, im Todesjahr Cäsars verfaßte Schrift *De officiis* (44 v. Chr.). Der Begriff der Pflicht ist aber von Cicero bereits einige Jahre vorher in der Schrift *De finibus bonorum et malorum* entwickelt worden. Beide Schriften entstanden in der erzwungenen Mußezeit des aus dem politischen Leben verbannten ehemaligen Konsuls, und zwar in den Jahren der Diktatur Cäsars. In *De finibus* führte er den Pflichtbegriff in der Weite seiner stoischen Prägung ein. So ist es auch für Cicero die erste Pflicht jedes Lebewesens, sich selbst zu erhalten, sodann das zu bewahren, was der Natur gemäß ist (De fin. III, 6, 20). Aus der Logosnatur aber geht die Weisheit hervor, die bei Cicero wie bei den Stoikern an der Spitze der Tugenden steht (III, 7, 23). Ihr entspringt alles gute und »richtige« Handeln, das Cicero durch den Begriff des Ehrenhaften *(honestum)* kennzeichnete (III, 8, 27). Alles, was gut oder *honestum* ist, soll nach Cicero um seiner selbst willen angestrebt werden (III, 11, 36: *propter se expetendum*). Dabei betonte Cicero besonders die schon aus der Natur der Menschen entspringende Neigung zur Vergemeinschaftung (III, 19, 63f.), die dazu führe, daß wir den gemeinsamen Nutzen höher achten sollen als den eigenen, so daß uns das Vaterland *(patria)* wichtiger sein sollte als wir selbst.[92] In *De officiis* hat Cicero zunächst den Begriff des *honestum* und im Anschluß daran die vier Kardinaltugenden Weisheit, Tapferkeit, Gerechtigkeit und Mäßigkeit als dessen Teilaspekte behandelt (I, 5, 15). Dabei hat er mit der Gerechtigkeit die Freigebigkeit (*beneficientia* oder *liberalitas*) verknüpft (I, 7, 20), als Fundament der Gerechtigkeit aber die *fides* bezeichnet, die als Beständigkeit im Reden und in der Einhaltung von Vereinbarungen definiert wird.[93] Beide Interpretamente atmen spezifisch römischen Geist, wie sich an der Rolle der *fides* als Vertragstreue in der römischen Geschichte und an der Funktion der *liberalitas* als Gerechtigkeit des Herrn zum Ausgleich der ungleichen Gegebenheiten dieser Welt zeigen ließe.

Die Pflichtenlehre Ciceros ist für die christliche Theologie schon früh bedeutsam geworden, weil Ambrosius von Mailand sie als Vorbild seiner Schrift *De officiis ministrorum* benutzte, der ersten selbständigen Gesamtdarstellung der Ethik in der Geschichte der christlichen Theologie. Daß der Begriff »Pflicht« auch dem Neuen Testament vertraut sei, bewies Ambrosius daraus, daß im Lukasevangelium der Tempeldienst des Zacharias als *officium* bezeichnet wird (Lk 1,23).[94] Folgenreich wurde nun aber, daß Ambrosius den Pflichtbegriff einschränkte auf die Pflichten des *honestum*, die er auf den Gewinn der Seligkeit im künftigen Leben bezog, während er allen Verrichtungen, die sich auf das gegenwärtige, irdische Leben beziehen *(ad delectationem praesentis)*, den Namen der Pflicht absprach.[95] Damit wurde der Pflichtbegriff auf die sittlichen Pflichten eingeschränkt. Als erste Pflicht bezeichnete Ambrosius aber das Maßhalten im Reden.[96] Sodann betonte er unter Berufung auf Mt 19, 17–20 den Vorrang der Barmherzigkeit vor den Pflichten der zweiten Tafel des Dekalogs.[97] Es folgen fünf Kapitel mit Ausführungen über die göttliche Vorsehung, sowie acht weitere über die Tugend der Sittsamkeit (*verecundia*: eigentlich Scheu, Ehrfurcht), besonders bei jungen Menschen. Daran schließt sich dann die ausführliche Behandlung der vier Kardinaltugenden an.[98] Damit endet das erste Buch der Schrift. Das zweite behandelt Klugheitsregeln im Hinblick auf das zum Ziel des ewigen Lebens Nützliche, das dritte handelt vom Verhältnis des Nützlichen zum Sittlich-Guten. Für die Begründungsfrage der Ethik ist besonders das erste Buch wichtig. Dabei ist bemerkenswert, daß Ambrosius zwar einerseits die Rede von Pflichten direkt auf die biblischen Gebote Gottes anwendete, andererseits aber die philosophische Lehre von den Kardinaltugenden damit verbinden konnte. Dabei war er bestrebt, die philosophische Tugendlehre nicht nur durch biblische Beispiele als auch biblisch bezeugt hinzustellen, sondern auch die Aussagen der Philosophen von der Bibel her zu korrigieren.[99] Die Grundlage für die christliche Rezeption der Lehre von den Kardinaltugenden bei Ambrosius liegt wohl darin, daß die Klugheit *(prudentia)*, die er wie die Stoiker die Weisheit an die Spitze der Tugenden stellte und als Quelle aller Tugenden auffaßte, als Ziel des den Menschen von Natur aus eigenen Dranges zur Erkenntnis und zum Wissen verstand.[100] Ambrosius berief sich jedoch im übrigen nicht auf die Naturrechtslehre der Stoa, noch auf die paulinische Aussage Röm 2,14 über die natürliche Kenntnis der Menschen von Gottes Gesetz. Erst die mittelalterliche Theologie hat – allerdings vorbereitet durch Augustins Lehre von der *lex aeterna*, die ihren Ausdruck im Naturrecht findet – den Pflichtbegriff wieder auf die Gebote des Naturrechts bezogen, die jedem Menschen durch seine Vernunft bekannt sind. Doch in der scholastischen Theologie und Philosophie gewann der Pflichtbegriff keine beherrschende Stellung, weil er ebenso wie das Naturrecht eingebettet war in eine platonisch-augustinische Begründung der Ethik. Erst in der reformatorischen Ethik konnte mit der Begründung der Ethik auf das göttliche Gebot, das dem Naturgesetz korrespondiert, der Pflichtgedanke stärker in den Mittelpunkt rücken. Das geschah schon in der reformatorischen Lehre vom Gesetz Gottes,[101] sowie in rational verallgemeinerter Gestalt in der deutschen philosophischen Ethik des 18. Jahrhunderts. Ihren Höhepunkt erreichte diese Entwicklung in der Ethik Kants.

5. Die Pflichtethik Kants

Die beiden wichtigsten Schriften Kants zur Ethik sind die »Grundlegung zur Metaphysik der Sitten« (1785) und die »Kritik der praktischen Vernunft« (1787). Die erstere Schrift hatte die Aufgabe einer Hinführung zu Kants ethischer Position, indem sie »mit dem Prinzip der Pflicht vorläufige Bekanntschaft macht und eine bestimmte Formel dafür angibt und rechtfertigt«.[102] Die systematische Begründung der Position Kants wurde erst in der zweiten Schrift entwickelt.

Die Grundlegung zur Metaphysik der Sitten setzt bei der Vorstellung eines guten Willens ein, der allein durch sein Wollen gut ist.[103] Die Argumentation führt von da aus auf die Bestimmung eines solchen Willens durch die Vernunft und so auf den Begriff der Pflicht,[104] die schließlich als *»Nothwendigkeit einer Handlung aus Achtung fürs Gesetz«* definiert wird.[105] Die Kritik der praktischen Vernunft geht davon aus, »daß *reine* Vernunft einen praktisch, d.i. zur Willensbestimmung hinreichenden Grund in sich enthalten könne«.[106] Diese Fragestellung schließt bereits alle Willensbestimmung durch Gegebenheiten der Erfahrung und durch deren Beziehung auf unser Begehrungsvermögen aus der Bestimmung des Moralischen aus. Allein durch Vernunft soll das Wollen bestimmt werden. Denn auf andere Weise läßt sich nach Kant kein praktisches Gesetz gewinnen, das den Willen unbedingt, also unabhängig von besonderen Gegebenheiten wechselnder Erfahrungen bestimmen kann (38). Damit ist für Kant auch das Streben nach der eigenen Glückseligkeit aus den Überlegungen zur Grundlegung der Ethik ausgeschlossen, obwohl Kant einräumte, daß die Menschen als Naturwesen immer nach Glückseligkeit streben (45). Daß dieses Streben nicht zur Grundlegung der Moral gehören kann, ist nach Kant darin begründet, daß das Streben nach Glück immer auf das »Prinzip der Selbstliebe« bezogen ist (41). So ist der Versuch, darauf ein für alle geltendes Gesetz der Willensbestimmung zu begründen, von vornherein aussichtslos, weil die egoistischen Bestrebungen der Menschen einander entgegengesetzt sind (50f.). Eine Bestimmung des Willens durch Vernunft muß die der Natur der Vernunft entsprechende Form der Allgemeinheit haben, also die Form des Gesetzes, und zwar eines Gesetzes, das unter allen Umständen und für alle Vernunftwesen gilt. Ein solches Gesetz der Vernunft kann nun nach Kant gar keinen andern Inhalt haben als die bloße Form der Allgemeinheit selber. Denn woher sollte ein davon verschiedener, besonderer Inhalt kommen, wenn nicht aus der Erfahrung? Wenn aber der Inhalt der Bestimmung des Willens durch die Vernunft nur in der aus der Natur der Vernunft fließenden Form der Allgemeinheit bestehen kann, dann läßt sich das Gesetz der Vernunft zur Bestimmung des Willens durch die Formel ausdrücken: »Handle so, daß die Maxime deines Willens jederzeit zugleich als Prinzip einer allgemeinen Gesetzgebung gelten könne« (54). Das ist der kategorische Imperativ Kants, d.h. eine Handlungsnorm, die unbedingt gebietet im Unterschied zu den hypothetischen Imperativen, die je nach gewähltem Zweck für die Wahl der Mittel gelten, die zu dem betreffenden Ziel führen können. Der kategorische, d.h. unbedingt gebietende Imperativ kann nur die Form der Allgemeinheit zum Inhalt haben. Jede weitere Inhaltsbestimmung würde das Moralgesetz seiner Unbedingtheit berauben. Wohl aber kann der kategorische Imperativ auf alle möglichen Einzelfälle Anwendung finden.[107] Das geschieht, indem sich der Handelnde die Frage nach der Verallgemeinerbarkeit des Grundsatzes, nach dem er handelt, vorlegt: Kann ich wollen, daß alle andern sich nach demselben Grundsatz verhalten wie ich, und zwar auch im Verhältnis zu mir?

Der kategorische Imperativ, der nur die Verallgemeinerbarkeit meiner Handlungsmaximen vorschreibt, ist nach Kant keine dem handelnden Menschen fremde Norm, die ihm gleichsam von außen zugemutet würde. Zwar ist die Befolgung der Norm Pflicht, aber diese Pflicht entspringt aus der eigenen Vernunft. Als Ausdruck der Vernunftnatur des Menschen ist die Forderung nach Verallgemeinerbarkeit unserer Verhaltensgrundsätze daher nicht heteronom, sondern Ausdruck unserer Autonomie.[108] Als vernünftige Wesen geben wir uns nämlich selbst das Gesetz unseres Handelns (74), und darin gründet nach Kant unsere Freiheit, die wir als Vernunftwesen besitzen (54). Dieser Freiheitsgedanke macht das eigentümliche Pathos der Moralphilosophie Kants aus.

Wie verhält sich nun die Pflichtethik Kants zur Tradition der Pflichtethik, insbesondere zu ihrem Ursprung in der stoischen Philosophie? Die Verwandtschaft ist eng, und Kant hat sich darüber auch ausdrücklich Rechenschaft gegeben, indem er wiederholt auf sein Verhältnis zur stoischen Ethik eingegangen ist. Gemeinsam ist an erster Stelle die Begründung der Ethik aus der Vernunftnatur des Menschen. Wie nach stoischer Lehre die ethischen Pflichten aus der Teilhabe des Menschen am Logos erwachsen im Gegensatz zu den Affekten, so bei Kant aus der Vernunft im Gegensatz zu den sinnlichen Neigungen. Während aber das stoische Naturrecht der Vernunftnatur des Menschen eine Mehrzahl von naturrechtlichen Prinzipien vernunftgemäßen Verhaltens entnahm, handelt es sich bei Kant nur um ein einziges solches Prinzip. Das ist eben der kategorische Imperativ, und dessen Inhalt besteht in der bloßen Form der Allgemeinheit bzw. in der Forderung der Verallgemeinerbarkeit unserer Handlungsmaximen. Die stoischen Naturrechtsgrundsätze hingegen hatten bestimmteren Inhalt: jedem das Seine *(suum cuique)*, ehre Vater und Mutter *(honora patrem tuum et matrem)*, stehle nicht *(non furtum facies)*, verletze niemanden *(neminem laede)*, tue niemandem an, was du nicht selber erleiden willst *(nemini fac quod pati nolis)* und halte deine Versprechen *(pacta sunt servanda)*. Dennoch läßt sich das Formalprinzip des kategorischen Imperativs bei Kant als eine neue Formel gerade für die goldene Regel verstehen, die oft als Quelle des Naturrechts überhaupt aufgefaßt worden ist.[109] Zwar besteht ein Unterschied insofern als die goldene Regel das Kriterium der Gegenseitigkeit formuliert, während der kategorische Imperativ die Verallgemeinerbarkeit der Handlungsmaxime als Norm aufstellt. Aber für die Verallgemeinerbarkeit einer Handlungsmaxime ist doch u.a. auch dies entscheidend, ob der Handelnde sie auch sich selbst gegenüber angewandt sehen möchte. Nicht zufällig hat Kant in den für die Anwendung des kategorischen Imperativs genannten Beispielen gerade diesen Gesichtspunkt geltend gemacht.[110] Die Allgemeinheit der Regel soll also jedenfalls auch ihre Anwendung dem Handelnden selbst gegenüber umfassen. Allerdings lassen sich nicht alle von Kant gegebenen Beispiele für die Anwendung des kategorischen Imperativs auf die goldene Regel zurückführen.[111] Man wird also zugeben müssen, daß Kants kategorischer Imperativ weiteren Umfang hat als das in der goldenen Regel ausgedrückte Prinzip der Gegenseitigkeit.

Einen anderen Unterschied zwischen Kants Pflichtethik und der stoischen Ethik kann man darin erblicken, daß Kant das Vernunftgesetz mit dem Gedanken der Autonomie verbunden hat, während die Stoiker die menschliche Vernunft als Teilhabe an dem die Welt durchwaltenden göttlichen Logos verstanden. Dieser Grundgedanke der stoischen Ethik konnte leicht in die christliche Theologie übernommen werden, so daß der Dekalog als Kurzfassung des in die Herzen der Menschen geschriebenen Naturgesetzes galt. Kants Autonomiegedanke hingegen schloß eine Begründung des Sittengesetzes auf eine göttliche Gesetzgebung aus. Nur eine nachträgliche Deutung des Moralgesetzes als göttliches Gebot ließ Kant zu. Nur in abgeleiteter Weise, nämlich im Hinblick auf das durch moralisches Handeln in der Welt hervorzubringende höchste Gut, dürfen die Pflichten als göttliche Gebote aufgefaßt werden.[112]

Ein dritter Unterschied zwischen der Ethik Kants und der stoischen Philosophie schließlich, den Kant selbst hervorgehoben hat,[113] besteht im Verhältnis von Tugend und Glückseligkeit. Bei Kant spielt der Begriff der Tugend nur eine untergeordnete Rolle, weil er nur eine Tugend kennt, den Gehorsam gegen den kategorischen Imperativ, und weil er der Bildung eines Tugendhabitus daher keine besondere Beachtung geschenkt hat, sondern Tugend nur als »moralische Gesinnung« im Kampf mit den sittlichen Neigungen auffaßte (a.a.O. 151). Die Tugend besteht also eigentlich nur in der »Achtung« für das moralische Gesetz. Den Stoikern schreibt Kant nun die Auffassung zu, daß die Glückseligkeit des Menschen in der Tugend bestehe (a.a.O. 202). Dagegen behauptet Kant selber, daß das Verlangen nach Glückseligkeit auf die Ebene des natürlichen Begehrens gehöre. Die Tugend könne daher nur Bedingung der Glückseligkeit sein, nämlich Bedingung dafür, daß ein Mensch der Glückseligkeit würdig ist. Die Tugend für sich allein ist aber nach Kant noch nicht »das ganze und vollendete Gut«, das »Gegenstand des Begehrungsvermögens vernünftiger endlicher Wesen« ist (198f.). Erst Tugend und Glückseligkeit zusammen machen nach Kant das höchste Glück des Menschen aus, dessen Hervorbringung der moralisch bestimmte Wille sich zum Zweck setzen soll. Die Möglichkeit der Realisierung eines solchen Zwecks aber setzt eine Übereinstimmung von Naturordnung und sittlicher Bestimmung des Menschen voraus, die ihrerseits nur angenommen werden kann unter Voraussetzung eines Gottes, der allein als Urheber beider Ordnungen gedacht werden kann. Der Unterschied Kants von den Stoikern in der Lehre vom höchsten Gut, nämlich in der Unterscheidung von Tugend und Glückseligkeit als seinen Bestandteilen, ist also sehr wichtig für seine Gesamtkonzeption der praktischen Philosophie und ihren Abschluß im Gottesgedanken. In der stoischen Philosophie dagegen beruhte bereits die Autorität des Logos in uns für unser Verhalten auf seiner Identität mit dem das ganze Universum durchwaltenden, göttlichen Logos.

3. Kapitel:
Das Fundament der Ethik. Eine kritische Würdigung der wichtigsten Begründungsversuche

Die bisher behandelten Wege zur Grundlegung der Ethik dürfen zugleich als die wichtigsten Typen philosophischer Moralbegründung überhaupt gelten. Zwar gibt es daneben eine große Zahl weiterer Begründungsversuche. Einige von ihnen – wie die Wertethiken Max Schelers und Nicolai Hartmanns, sowie die ethischen Ansätze Schleiermachers und Hegels – werden im folgenden noch Erwähnung finden. Andere, wie verschiedene moderne Varianten des von Kant begründeten ethischen Ansatzes,[114] brauchen hier nicht berücksichtigt zu werden, weil das Prinzipielle dieser Positionen von den kritischen Überlegungen zu Kants Ethik mitbetroffen ist. Eine eigene Behandlung verdienten am ehesten noch die modernen Formen des Hedonismus und besonders die verschiedenen Spielarten des Utilitarismus. Gegen den ersteren[115] ist mit Recht eingewendet worden, daß der Gesichtspunkt der Lust einerseits im Hinblick auf deren Gegenstände unbestimmt bleibt und andererseits keine Kriterien begründet zur Unterscheidung zwischen Formen der Lust, die uns herabwürdigen, und einer Lust, die uns erhöht. Das läuft hinaus auf den schon von Platon im Gorgias geäußerten Einwand, daß die Idee des Guten der Lust vorgeordnet sein müsse (s.o.). Der Utilitarismus[116] kann als eine Weiterentwicklung des Hedonismus betrachtet werden, wobei die Nützlichkeit der Folgen einer Handlung für den Handelnden als Kriterium der Urteilsbildung fungiert. Zielt dieser Handlungsutilitarismus auf die Ausbildung von Klugheitsregeln im Interesse des handelnden Individuums, so fragt der von James O, Urmson begründete Regelutilitarismus stattdessen nach der Nützlichkeit einer Verhaltensregel als solcher.[117] Weil Handlungsregeln zu den Bedingungen für ein gesellschaftliches Zusammenleben gehören, glauben die Regelutilitaristen, daß der utilitaristische Gesichtspunkt über den Eigennutz hinaus zur Bejahung der Interessen der Gesellschaft führe, so daß der kollektive

Gesamtnutzen zum ausschlaggebenden Kriterium ethischer Urteilsbildung werden kann. Ob aber mit dem allgemeinen Wohlergehen auch den egoistischen Interessen des einzelnen am besten gedient ist, bleibt durchaus zweifelhaft. Dagegen ist es bemerkenswert, daß die Entwicklung des Utilitarismus zum Regelutilitarismus eine Annäherung an den Standpunkt der Vernunftethik Kants vollzieht, insofern diese durch das Prinzip der Allgemeinheit des Gesetzes bzw. durch das Kriterium der Verallgemeinerung von Handlungsmaximen gekennzeichnet ist. Das Beispiel von John Rawls belegt diese bemerkenswerte Annäherung. Der bleibende Unterschied der kantischen Ethik zu jeder Form des Utilitarismus ist jedoch dadurch gegeben, daß nach Kant die moralische Urteilsbildung nicht durch irgendeine Rücksicht auf die Folgen des Handelns bestimmt werden darf, so sehr dem Menschen als Handlungssubjekt ein berechtigtes Interesse daran zuzubilligen ist. Der Regelutilitarismus steht hier in größerer Nähe zu der gegen die kantische Gesinnungsethik von Max Weber aufgestellten Forderung einer »Verantwortungsethik«.[118]

Die folgenden kritischen Erörterungen, die den Übergang zur systematischen Grundlegung der Ethik vermitteln sollen, werden mit Kants Begründung der Ethik einsetzen, um von da aus die im vorigen Kapitel erörterten Fragestellungen in umgekehrter Reihenfolge zu behandeln.

1. Der Formalismus der kantischen Ethik

Die neue Interpretation, die Kant der Begründung der Ethik auf den Gedanken einer in der Vernunft angelegten Gesetzesnorm gab, hat eine außerordentliche Wirkungsgeschichte gehabt, vor allem in der deutschen Philosophie und in der deutschen evangelischen Theologie. Diese Wirkung reicht bis in die Gegenwart.[119] Dennoch sind Kants Begriff des moralischen Gesetzes und die darauf begründete Pflichtauffassung schon früh auf Kritik gestoßen. Die Kritik hat sich immer wieder gegen den *Formalismus* der kantischen Ethik gerichtet, wonach die bloße Form der Allgemeinheit und Verallgemeinerbarkeit Kriterium der Moralität sein soll. Dagegen ist schon von Friedrich Heinrich Jacobi die Besonderheit der individuellen Situation des Handelns geltend gemacht worden, und Jacobi hat dementsprechend der Allgemeinheit des moralischen Gesetzes die Individualität des Gewissens entgegengesetzt. Ähnlich hat Schleiermacher schon 1803 das Recht der Individualität gegenüber Kant eingeklagt: Die Verwirklichung der Vernunft durch menschliches Handeln müsse über die Individualität des Handelnden und das Zusammenwirken der Individuen laufen. Daher hat Schleiermacher wieder die platonische Frage nach dem gemeinsamen Guten als die Leitfrage der Ethik betrachtet und an die Spitze seiner Darstellung der Ethik die Güterlehre gestellt, nicht die Pflichtenlehre.

In dieselbe Richtung ging die Kritik, die Hegel in seiner Rechtsphilosophie an Kant geübt hat. Dabei ist bezeichnend, daß Hegel die konkrete Sittlichkeit unter dem Gesichtspunkt des Rechts behandelte. Der moralische Standpunkt galt ihm als gekennzeichnet durch seine Abstraktheit, wurde aber gerade als solcher in Hegels Darstellung, die auf die Verwirklichung der sittlichen Gemeinschaft der Menschen im Staat zielte, aufgenommen. Dabei sprach Hegel von dem *»leeren Formalismus«* der kantischen Begründung der Ethik auf die Allgemeinheit der Vernunft, besonders auch im Hinblick auf den Pflichtgedanken Kants.[120] Aus der abstrakten Allgemeinheit des Vernunftgesetzes könne »nicht zur Bestimmung von besonderen Pflichten übergegangen werden«. Vielmehr könne »alle unrechtliche und unmoralische Handlungsweise auf diese Weise gerechtfertigt werden«. Dieses auf den ersten Blick überaus harte Urteil Hegels ist nicht ganz unbegründet. Man kann sich das an der Erklärung Adolf Eichmanns bei seinem Prozeß in Jerusalem verdeutlichen, er habe sein Handeln immer am kategorischen Imperativ Kants orientiert. Hannah Arendt hat seinerzeit in ihrem Bericht über den Prozeß dafür plädiert, diese Erklärung müsse ernstgenommen und dürfe nicht einfach als blasphemisch abgetan werden.[121] In der Tat dürfte Eichmann kein Bedenken dagegen gehabt haben, daß die Vernichtung der Juden allgemeines Gesetz wäre. Das Universalisierungskriterium von Kants kategorischem Imperativ funktioniert hier nicht, jedenfalls nicht im Sinne von Kants eigenen humanitären Überzeugungen. Man muß schon spezifischere Kriterien der Naturrechtstradition heranziehen, um Eichmanns Behauptung zurückzuweisen. Der hart klingende Einwand Hegels gegen Kant ist also in der Sache berechtigt. Hegel fährt fort, die Inhalte des moralisch Guten müssen schon vorgegeben sein, damit Kants kategorischer Imperativ anwendbar wird: »Wenn es sonst für sich fest und vorausgesetzt ist, daß Eigentum und Menschenleben sein und respektiert werden soll, dann ist es ein Widerspruch, einen Diebstahl oder

Mord zu begehen«. Ein solcher Widerspruch ergebe sich aber immer nur »mit etwas ..., das ist, mit einem Inhalt, der als festes Prinzip zum voraus zum Grunde liegt«.

Man kann sich das Recht der Kritik Hegels klar machen an den Beispielen, die Kant selbst in der »Grundlegung zur Metaphysik der Sitten« für die Anwendung des kategorischen Imperativs gegeben hat. Der Grundsatz »Selbstmord widerspricht der Natur«, ist schon vorausgesetzt in Kants Argumentation, man könne die Freiheit zum Selbstmord nicht als allgemeines Naturgesetz denken.[122] Kants zweites Beispiel bezieht sich auf den Fall, daß jemand Geld borgt mit dem Versprechen, es zu einer bestimmten Zeit zurückzuzahlen, obwohl er weiß, daß er dazu nicht in der Lage sein wird. Kant meinte dazu, ein solches Verhalten könne nicht allgemeines Naturgesetz sein, weil dann niemand mehr solchen Versprechen glauben würde. Kant übersah dabei aber die Möglichkeit des Schwarzfahrerverhaltens. Als allgemeine Regel ausgedrückt, würde dieses besagten: Du darfst nur dann Geld borgen mit dem Versprechen, es zurückzuzahlen, obwohl du das gar nicht beabsichtigst, wenn du weißt, daß die anderen sich an diese Regel halten und dasselbe auch von dir annehmen. Wir betrachten solches Verhalten als unmoralisch, weil es, obwohl im Einzelfall recht erfolgreich, gegen das naturrechtliche Prinzip verstößt, man müsse Versprechen halten *(pacta sunt servanda)*. Faktisch macht auch Kants Argumentation bei der Erörterung seines zweiten Beispiels bereits diese Voraussetzung. Ähnlich steht es bei Kants drittem Beispiel: Der Satz, man solle mit seinem Pfunde wuchern, ist schon vorausgesetzt in Kants Argument, man könne doch nicht wollen, daß es ein allgemeines Naturgesetz sei, daß jeder die eigenen Talente verkümmern lasse.[123] Das vierte Beispiel aber, niemand könne wollen, daß den Notleidenden nicht geholfen werde, weil Fälle denkbar sind, wo man selber der »Liebe und Teilnehmung« anderer bedarf, setzt offensichtlich die Geltung der goldenen Regel der Gegenseitigkeit voraus. Die Anwendbarkeit des kategorischen Imperativs reicht also genau nur so weit wie die Allgemeingültigkeit der bei den Beispielen dafür vorausgesetzten materialen Grundsätze ethischen Handelns oder des Naturrechts. Andererseits lassen sich zumindest zu den ersten drei Beispielen Ausnahmesituationen denken, die es als diskutabel erscheinen lassen könnten, sich in derartiger Situation entgegen der allgemeinen Regel zu verhalten: – so beim Verbot des Selbstmordes im Fall eines unheilbaren Kranken, beim Beispiel des Betruges in dem

Sonderfall, daß das betrügerische Handeln der Erhaltung eines höheren Gutes gilt, für das der Betrogene blind ist (etwa der Erhaltung des Lebens einer dritten Person), beim Verzicht auf die Entwicklung der eigenen Talente schließlich für den Fall, daß sie hintangestellt wird zugunsten eines Dienstes an anderen Menschen.

Der Formalismus der kantischen Ethik ist also mit Recht immer wieder kritisiert worden. Solche Kritik hatte im Jahre 1913, als Max Scheler sein Buch »Der Formalismus in der Ethik und die materiale Wertethik« publizierte, bereits eine lange Vorgeschichte. Es ist erstaunlich, daß Kants Begründung der Ethik dennoch einen so langen und nachhaltigen Einfluß ausgeübt hat. Man kann dafür eine ganze Reihe von Gründen anführen, so die Einfachheit der kantischen Position, die die Ethik auf eine einzige Norm begründet hat, ihr Pathos der Selbständigkeit der moralischen Urteile gegenüber allen natürlichen Zwecken, Bedürfnissen und Neigungen, auch gegen das (innerweltlich verstandene) Glücksstreben der Individuen. Der ethische Rigorismus Kants gehört also durchaus zu den Faktoren, die die Attraktivität seiner Moralphilosophie verständlich machen können, zumal in der Verbindung des Pflichtgedankens mit dem Freiheitspathos der Vernunft. Sachlich überzeugender ist dennoch die Tradition, in der Kants Ethik wurzelt und als deren Variante sie sich betrachten läßt, nämlich die Tradition des Naturrechts und der christlichen Gebotsethik. Doch kann die Ethik darin ein Fundament finden, für das Anspruch auf Allgemeingültigkeit erhoben werden kann?

2. Naturrecht und christliche Gebotsethik

Seit dem zweiten Jahrhundert hat die christliche Theologie die moralischen Gebote des alttestamentlichen Gesetzes, wie sie in der zweiten Tafel des Dekaloges zusammenfassend formuliert sind, im Unterschied zum alttestamentlichen Kultgesetz und zu den positiv-rechtlichen Teilen der jüdischen Gesetzestradition (Judizialgesetz) als identisch mit den Prinzipien des Naturrechts betrachtet, das in die Herzen aller Menschen geschrieben sei.[124] Die paulinische These, daß Christus das Ende des Gesetzes sei, wurde damit auf das alttestamentliche Kultgesetz und Judizialgesetz eingeschränkt. Die moralischen Weisungen des jüdischen Gesetzes hingegen wurden durch Identifizierung mit dem Naturrecht als für alle Menschen gültig und unabänderlich dargetan. Dafür berief man sich auf Röm 2,14. Diese christliche Identifikation der moralischen Gebote des Dekalogs mit dem Naturrecht blieb über die Reformation hinaus bestehen, erlebte bei den Reformatoren sogar eine Renaissance und ist gerade in der evangelischen Theologie bis in unser Jahrhundert wirksam geblieben.[125] Ernst Troeltsch hat das christlich modifizierte Naturrecht als »das eigentliche Kulturdogma der Kirche« bezeichnet und seine zentrale Bedeutung für das Christentum als geschichtliche Größe mit der der Trinitätslehre verglichen.[126] Die christliche Modifikation der stoischen Naturrechtslehren erblickte Troeltsch vor allem darin, daß die von den Stoikern gelehrte ursprüngliche Freiheit und Gleichheit aller Menschen von den christlichen Theologen auf den Urstand der Menschheit vor dem Sündenfall bezogen und als durch den Sündenfall verloren betrachtet wurde. Unter den Bedingungen der Sündhaftigkeit der Menschen sind privates Eigentum und sein Schutz, samt den daraus folgenden Ungleichheiten im sozialen Status der Menschen, sowie die Staatsgewalt nötig geworden, um die Übergriffe der Menschen gegeneinander einzudämmen. Dieses durch Eigentumsordnung und Staatsgewalt modifizierte Naturrecht war es, das Troeltsch unter dem Namen des »relativen« im Gegensatz zum »absoluten« Naturrecht als das »Kulturdogma« der Kirche bezeichnet hat. Der moderne politische Liberalismus hingegen habe seit Johannes Althusius (gest. 1638) und vor allem unter dem Einfluß von John Locke auf das stoische »absolute« Naturrecht zurückgegriffen mit seinen Ideen einer auch für die Gegenwart maßgebenden natürlichen Freiheit und Gleichheit aller Menschen. Troeltsch hat darin eine Herausforderung der christlichen Naturrechtsauffassung gesehen, auf die die Kirchen jedoch nicht in angemessener Weise kritisch reagiert haben.[127]

Im 20. Jahrhundert ist die traditionelle naturrechtliche Deutung der moralischen Gebote des Dekalogs Gegenstand einer scharfen theologischen Kritik – jedenfalls in der evangelischen Theologie – geworden, nämlich bei Karl Barth. In seinem der Schöpfungslehre der Kirchlichen Dogmatik zugeordneten Ethikband hat Barth die traditionelle Identifikation des Naturrechts mit dem Inhalt der Gebote Gottes als Seitenstück der von ihm bekämpften »natürlichen Theologie« zurückgewiesen[128] mit dem an Emil Brunner gerichteten Vorwurf, dabei werde Gottes »in Jesus Christus offenbartes Wort beiseite« gelassen. Diesem theologischen Einwand fügte Barth einen zweiten hinzu, nämlich den Zweifel, ob ein solches Naturrecht »uns so deutlich und so maßgeblich bekannt« sei, »daß man es verantwortlicherweise wagen dürfte, die ... Frage nach der Form des göttlichen Gebotes von dieser Instanz her zu beantworten«. Dieser zweite Einwand spielt auf die Kritik an den Naturrechtslehren seit der historischen Rechtsschule des 19. Jahrhunderts an, die zum Ergebnis hatte, daß der Inhalt der abendländischen Naturrechtslehren keineswegs als ein allen Völkern und Kulturen zu allen Zeiten gemeinsamer Bestand des Rechtsbewußtseins gelten kann. Die Einsicht in die historische Relativität unserer abendländischen Naturrechtstradition hat dazu geführt, daß der naturrechtliche Ansatz der Rechtsbegründung nach einer kurzen Phase seiner Erneuerung in den Jahren nach dem Zweiten Weltkrieg in der Rechtsphilosophie heute weitgehend aufgegeben worden ist. Bestehen bleibt allerdings, daß es trotz aller historischen Relativität eine anthropologische Basis für das Rechtsbewußtsein gibt, wie es sich in den verschiedensten Kulturen ausgebildet hat: Nur daraus erklärt sich die weitgehende Gemeinsamkeit grundlegender Rechtsüberzeugungen trotz großer Differenzen der Kulturen in anderen Bereichen, wie vor allem bei den religiösen Anschauungen.[129] Dabei handelt es sich vor allem um das Prinzip der Gegenseitigkeit von Geben und Nehmen in den sozialen Beziehungen der Menschen. Diesem Prinzip entspricht im Kriminalrecht die Talion, wonach dem Täter das angetan werden muß, was er anderen zugefügt hat, und als allgemeiner Grundsatz hat dieses Prinzip der Gegenseitigkeit seinen Ausdruck gefunden in der »goldenen Regel«, – »was du nicht willst, daß man dir tu', das füg' auch keinem andern zu«, – die oft als Basis des Naturrechts beurteilt worden ist.

Das bleibende Wahrheitsmoment der Naturrechtslehren dürfte darin bestehen, daß die Frage nach der gemeinsamen Wesensnatur der Menschen als Menschen sich unabweisbar immer wieder stellt und damit auch die Frage nach den anthropologischen Grundbedingungen des sozialen Lebens. Denn der Mensch ist von Natur aus ein auf Gemeinschaft mit andern angelegtes Wesen, ein *zoon politikón*, wie Aristoteles sagte.[130] Die Grundbedingungen des gesellschaftlichen Zusammenlebens sind in den Naturrechtslehren thematisiert worden. Darauf beruht ihre allgemein humane Bedeutung, nicht darauf, ob die Formulierung dieser Bedingungen in Regeln allgemein verbreitet ist. Leitgedanke der Formulierung solcher Regeln des sozialen Verhaltens muß der Gedanke der Gegenseitigkeit sein.[131] Dieser Gedanke, der in der goldenen Regel ausgedrückt worden ist und noch dem kategorischen

Imperativ Kants zugrunde liegt, dürfte mit Recht als Basis aller Naturrechtsformulierungen betrachtet worden sein. Andere Naturrechtssätze wie das Verbot der Verletzung anderer *(neminem laede)* oder das Gebot der Einhaltung von Verträgen *(pacta sunt servanda)* lassen sich auf die Grundregel der Gegenseitigkeit zurückführen. Die naturrechtlichen Gedanken der Freiheit und Gleichheit aller Menschen lassen sich als Bedingungen solcher Gegenseitigkeit beschreiben, enthalten aber für sich genommen noch nicht das anthropologische Grunddatum des Bezogenseins und Angewiesenseins auf andere. Daher können Freiheit und Gleichheit nicht ihrerseits als das anthropologische Fundament des Naturrechtsgedankens gelten. Ebensowenig kann die Gerechtigkeitsidee diese Funktion erfüllen.[132] Für den Begriff der Gerechtigkeit, sofern er nicht darin besteht, daß gerechtes Handeln jedem das Gleiche zuteilt, sondern jedem das Seine *(suum cuique)*, – also das einem jeden in seiner Besonderheit Zukommende, – ist außer dem Gesichtspunkt der Gegenseitigkeit noch die Berücksichtigung der faktischen Ungleichheit der Menschen nach Naturveranlagung und Verdienst maßgeblich. Bei der Gerechtigkeit handelt es sich also um eine Anwendung des Gegenseitigkeitsprinzips unter Bedingungen der Ungleichheit der Individuen.[133] Die Gerechtigkeit des *suum cuique* setzt immer schon voraus, was das einem jeden *im Unterschied zu andern* Zukommende ist. Das Moment der Gleichheit, das mit der Gerechtigkeit verbunden ist, besteht nur darin, daß die Regel *suum cuique* gleichmäßig auf alle Personen Anwendung findet.

Am Begriff der Gerechtigkeit wird besonders deutlich, daß sich das im Zusammenleben der Menschen konkret Gebotene nicht aus den allgemeinen Regeln des Naturrechts ableiten läßt. Darum ist auch die Bedeutung dieser Regeln für die Ethik begrenzt. An dieser Stelle muß man Karl Barth zustimmen, der sich dagegen wehrte, die spezielle Ethik als kasuistische Auslegung und Anwendung solcher allgemeinen Regeln aufzufassen.[134] Er warf diesem Verfahren seine Gesetzlichkeit, die Unterschätzung der Besonderheit der jeweiligen ethischen Situation und damit eine Mißachtung der Freiheit des Menschen vor.[135] Ganz allgemein ist gegen ein Verständnis ethischer Urteilsbildung im Sinne der Kasuistik einzuwenden, daß die Anwendung allgemeiner Regeln immer abhängt von einer spezifizierenden Situationsbeschreibung. Die Anwendung der Regel ist nur dann richtig, wenn die Situationsbeschreibung der Besonderheit des Falles gerecht wird. Dann aber hängt die Gerechtigkeit moralischer Urteilsbildung zumindest ebensosehr von der Beschreibung des Einzelfalles ab wie von der allgemeinen Regel.

Obwohl das Naturrecht nicht ausreicht zur Begründung konkreter Lebensweisung, bleiben die naturrechtlichen Gedanken doch bedeutsam als Formulierungen der allgemeinen Bedingungen menschlichen Zusammenlebens. An dieser Stelle liegt nun auch der sachliche Zusammenhang mit den Geboten des Dekaloges in dessen zweiter Tafel (Ex 20,12–17): Wenn der eine den andern mordet, wenn er ihn bestiehlt und verleumdet, kann keine Gemeinschaft zwischen ihnen bestehen. Gemeinschaft beruht darauf, daß ihre Glieder sich gegenseitig anerkennen in dem, was sie sind und rechtmäßig besitzen. Das gilt auch für das Verhältnis der Generationen zueinander. In der nach Sippenverbänden strukturierten Gesellschaft des alten Israel entsprach diesem Sachverhalt im Hinblick auf das Verhältnis der Generationen das Gebot, Vater und Mutter zu ehren – d.h. die Versorgung der alt gewordenen Glieder der Sippe nicht zu vernachlässigen (»... auf daß du lange lebest auf Erden«). Heute wird die Aufgabe gegenseitiger Fürsorge im Verhältnis der Generationen im Hinblick auf die alten Menschen durch die staatliche Sozialversicherung übernommen. Das umgekehrte Gebot, die Kinder zu ehren, fehlt im Dekalog – vielleicht deshalb, weil die Fürsorge für die Nachkommen als ein natürlicher Trieb der Menschen für selbstverständlich galt. Das alte Israel kannte noch nicht den Individualismus, der auch den eigenen Nachkommen gegenüber gleichgültig bleibt und Kinder eher als Belastung für die Freizügigkeit der individuellen Lebensführung betrachtet. Über die materielle Versorgung hinaus umschließt das vierte Gebot allerdings auch die menschliche Zuwendung und Anerkennung. Auch für diese gilt aber, daß sie auch im Verhältnis zwischen den Generationen eine gegenseitige sein muß. Auf diese Aufgabe der gegenseitigen Anerkennung im Verhältnis zwischen den Generationen wird in der gegenwärtigen Gesellschaft die Auslegung des vierten Gebots besonders bezogen sein müssen.

Als Bedingung der Bewahrung der Gemeinschaft ist auch das sechste Gebot, das Verbot des Ehebruchs zu verstehen. Wer in die Ehe eines andern einbricht, zerstört die intimste Form menschlicher Gemeinschaft, die zugleich Grundlage der Gemeinschaft der Familie ist. Im Zeitalter eines radikalen Individualismus, in welchem das Gesellschaftssystem nicht mehr auf der Basis der Familien und Sippenverbände und ihrer Beziehungen zueinander organisiert ist, mag dieses

Gebot heute an allgemeiner Evidenz als Bedingung des Zusammenlebens der Menschen in einem sozialen Verband verloren haben, anders als etwa das Verbot des Mordes oder des Diebstahls. Dennoch bleibt auch heute noch wahr, daß Ehebruch die Vertrauensbasis der ehelichen Gemeinschaft zerstört und Leid verursacht für den Verletzten, oft mehr noch durch das Lügengewebe, in das sich der die Ehe Brechende verstrickt, als durch die Handlung des außerehelichen Verkehrs selbst.

Die Gebote der zweiten Tafel des Dekalogs haben es also ähnlich wie die Regeln des Naturrechts mit den Bedingungen menschlichen Gemeinschaftslebens zu tun. In ihnen kommt zum Ausdruck, daß der Gott des Bundes, indem er sich ein Volk erwählte, die Gemeinschaft von dessen Gliedern untereinander will. Dem entspricht auch der biblische Begriff der Gerechtigkeit: *sedaqa* bedeutet ja »gemeinschaftsgemäßes Verhalten«. Dabei wird im biblischen Gerechtigkeitsgedanken nicht wie im griechischen der Gesichtspunkt der Proportionalität (jedem das seine) betont, obwohl Gemeinschaft natürlich auch in Israel nicht ohne Anerkennung jedes einzelnen in seiner Besonderheit gewahrt werden konnte. Der Gedanke der Bewahrung der Gemeinschaft ist vielmehr bezogen auf die dazu gegebenen Gebote Gottes. Es geht also zunächst um die Entsprechung des menschlichen Verhaltens zu dem gebietenden Gott. Aber in der Wahrung der Gebote wird zugleich die Gemeinschaft zwischen den Gliedern des Volkes gewahrt. Dabei ist in ihnen eine noch darüber hinausgehende Tendenz angelegt, auch den noch in die Gemeinschaft zurückzuholen, der sie von sich aus gebrochen hat. Das wird vor allem in der neutestamentlichen Auslegung des Gedankens der Gerechtigkeit thematisch. Sowohl die Gerechtigkeit Gottes als auch die ihr entsprechende Gerechtigkeit der Menschen, die sich in der Beteiligung an der Liebe Gottes auswirken muß, zielt auf die Wiederbringung des Verlorenen.

Mit dieser letzten Bemerkung ist der Umkreis der in diesem Abschnitt anzustellenden Erwägungen schon überschritten. Es ging um den gemeinsamen Nenner des Naturrechts einerseits und der Moralgebote der biblischen Gesetzesüberlieferung andererseits: Dieser gemeinsame Nenner zeigte sich darin, daß es in beiden Fällen um die Benennung von Grundbedingungen des Zusammenlebens der Menschen in einer Lebensgemeinschaft geht. Läßt sich darauf nun die Ethik als Anleitung für das Verhalten der Individuen begründen? Das wäre offenbar nur dann der Fall, wenn bei den Individuen der Wille zur Gemeinschaft mit andern und zur Bewahrung ihrer Bedingungen schon vorausgesetzt werden könnte. Ist das nicht der Fall, dann erscheinen dem individuellen Bewußtsein die Forderungen, die die Gesellschaft an den einzelnen richtet, leicht als heteronome Zumutungen, und zwar nicht nur im Fall irgendwelcher überzogenen Normsetzungen, sondern auch im Kernbestand der Bedingungen und Regeln, deren Beachtung für ein gedeihliches Zusammenleben der Individuen unerläßlich ist und, allgemein gesprochen, auf der Gegenseitigkeit wohlwollender Zuwendung beruht. Das dem gesellschaftlichen Lebenszusammenhang entfremdete Individuum wird dazu neigen, auch diesen Kernbestand von Verhaltensregeln als für sich nicht verbindlich zu betrachten, was nicht ausschließt, daß der so sich verstehende einzelne als »Schwarzfahrer« die Vorteile für sich wahrnimmt, die sich aus der Beachtung jener Regeln durch die andern auch für ihn ergeben. Sollen die Bedingungen und Grundregeln für gesellschaftliches Zusammenleben dem einzelnen nicht als feindliche oder zumindest heteronome Zumutung erscheinen, die von außen an ihn herantritt und ihn einzwängt, dann muß ihre Gültigkeit auch auf der Basis der individuellen Lebensthematik begründbar sein. Darin, eine solche Begründung zu leisten, besteht die Überlegenheit des sokratisch-platonischen Ansatzes zur Begründung der Ethik gegenüber einer nur naturrechtlichen Argumentation. Die Kirchenväter und die scholastischen Theologen haben daher mit Recht – wie am Beispiel von Augustin und Thomas von Aquin gezeigt worden ist – auf die platonische Frage nach dem Guten als Basis ihrer ethischen Argumentation zurückgegriffen und die Gedanken der naturrechtlichen Tradition sowie die Moralgebote der Bibel in diesen Rahmen eingeordnet.

3. Die Frage nach dem Guten und das theologische Fundament der Ethik

Dieser Abschnitt wird ebenso wie die beiden vorhergehenden noch einmal eine der im vorigen Kapitel dargestellten historischen Positionen erörtern, die zugleich einen bestimmten Begründungstypus ethischer Argumentation bildet. Dabei soll es nun um den im vorigen Kapitel zuerst dargestellten Weg gehen, der historisch mit dem Anfang ethischer Argumentation überhaupt zusammenfällt. Das ist der sokratisch-platonische Weg zur Begründung der Ethik, der das den Menschen eigene Streben nach etwas, was noch nicht realisiert ist, aber zur

Wesensverwirklichung des Menschen unerläßlich ist, zum Anlaß ethischer Argumentation nimmt. Die Erörterung dieses Argumentationsweges wird von der philosophischen zu einer theologisch begründeten ethischen Argumentation hinüberführen, nämlich zur Funktion des Gottesgedankens und der Erwartung eines künftigen Reiches Gottes für eine Begründung der Ethik.

Die sokratisch-platonische Ethik zielte auf das gemeinsame Leben der Menschen in der Polis und auf deren richtige Ordnung, aber sie setzte an beim einzelnen und seinem Streben nach einem glücklichen Leben. Der Zentralbegriff dieser Ethik, der der Tugend, verbindet die Glückseligkeit der Individuen mit dem Gedeihen des Staates. Denn ohne Gerechtigkeit kann kein Staat bestehen. Er würde durch Zwietracht geschwächt und so zugrunde gehen.[136] Doch auch für den einzelnen gilt, daß nur der Gerechte wahrhaft glückselig ist (Staat 354a 4). Denn Tugend ist die Tüchtigkeit, durch die etwas seiner Idee – also dem Guten, das es von Natur aus erstrebt – entspricht.[137] Die Gerechtigkeit aber ist die Tüchtigkeit (Tugend) der Seele, durch die ihr Wesen *(eidos)* voll realisiert wird.

Das Problematische dieser Auffassung blieb Platon selbst nicht verborgen. Zwar ist es richtig, daß der Staat für seinen inneren Frieden der Gerechtigkeit oder wenigstens ihres Scheines bedarf. Doch gleich das zweite Buch von Platons Staat zeigt, daß das Wesen der Gerechtigkeit schwer zu bestimmen ist, und die Auflösung der Frage in Buch 4 durch das Modell einer ständischen Gliederung des Staates (427d ff.) ist kaum allgemein überzeugend zu machen. Was aber den einzelnen angeht, so hatte Platon sich bis in seine Spätdialoge mit der Frage auseinanderzusetzen, ob nicht doch die Lust eher Glückseligkeit gewährt als die Gerechtigkeit.[138] Platons Antwort darauf war in seinem späten Dialog Philebos, daß zum Guten neben Vernunft und Tugend in der Tat auch die Lust gehöre, jedoch nur in untergeordnetem Rang (Phil 66a–67a). Und im letzten Buch des Staates wird die Überlegenheit der Tugend über andere menschliche Verhaltensweisen damit begründet, daß durch sie die Menschen, soweit es ihnen möglich ist, Gott ähnlich werden.[139] Das Glück der Tugend wird damit letztlich in einer dieses sterbliche Leben übersteigenden Instanz verankert, so daß es nur erreichbar ist durch Gemeinschaft mit ihr, nämlich mit dem unsterblichen Leben der Gottheit. Das bedeutet aber, daß die Glückswirkung der Tugend in diesem irdischen Leben nicht definitiv empirisch einlösbar ist. Damit bleibt die Verbindung des für die Gesellschaft Guten und des für das Individuum Guten durch den Begriff der Gerechtigkeit schließlich doch brüchig und jedenfalls einer anderweitigen Begründung bedürftig.

In der Geschichte der modernen Ethik hat Friedrich Schleiermacher in seiner Auseinandersetzung mit Immanuel Kant, bei dem er das Recht des Individuums und seiner Besonderheit verfehlt sah, auf die platonische Orientierung der Ethik am Gedanken des gemeinsamen Guten zurückgegriffen, der individuelles Streben und das Wohl der Gemeinschaft miteinander verbinden soll. Den Ausgangspunkt dazu bildete in Schleiermachers philosophischer Ethik wie bei Kant der Gedanke der allen Menschen gemeinsamen Vernunft. Aber Schleiermacher entnahm dieser gemeinsamen Vernunft kein allgemeines Gesetz, um es mit den Naturgegebenheiten und den natürlichen Bestrebungen des Menschen zu konfrontieren. Schleiermacher erblickte die Aufgabe der Ethik vielmehr darin, die Aneignung der Natur für die Vernunft als Prozeß zu beschreiben. Die Ethik wird also als eine deskriptive Disziplin verstanden, so gut wie die Naturwissenschaft.[140] Der Prozeß der Aneignung der Natur für die Vernunft hat als Zielbestimmung wie in einer platonischen Betrachtung das Gute. Aber der Begriff des Guten wird bei Schleiermacher nicht mit dem Gottesbegriff identifiziert. Das höchste Gut als Ziel alles ethischen Strebens besteht vielmehr in der vollständigen Aneignung der Natur für die Vernunft,[141] und zwar durch das organisierende und symbolisierende Handeln der Vernunft. Das höchste Gut ist also wie bei Kant als Zielbegriff des vernünftigen Handelns aufgefaßt. Seine Einheit ist aber nur durch eine Pluralität von Gütern erstrebbar und kann nur im »Wissen um das Ineinander und Durcheinander aller einzelnen Güter« gewußt werden. Diese Sachlage entspricht der »Zerspaltung der menschlichen Natur in die Mehrheit von Einzelwesen«, die zur Folge hat, daß »das Sein der Vernunft in der menschlichen Natur nur vollständig durch die sittliche Gemeinschaft der Einzelwesen« zu realisieren ist.[142] Das findet seinen Ausdruck, ausgehend vom individuellen Handeln, zunächst im Eigentum als Korrelat der individuellen Freiheit bei der Aneignung der Natur (§ 42), das aber als sozial anerkanntes zugleich die Beziehung des einzelnen auf die Gemeinschaft ausdrückt, sowie andererseits in der Sprache als Grundform der symbolisierenden Tätigkeit des Menschen (§ 26), bei der Beschreibung des Gemeinschaftslebens als solchen sodann in den Formen des Rechts (§ 55f.) und des gemeinsamen Glaubens (§ 57). Die Vergemeinschaftung der Individuen findet ihre institutionelle Gestalt in den »vollkommenen ethischen Formen« der Familie und des Staates, wobei in diesen Institutionen das Gemeinsame oder »Identische« der Individuen Vorrang hat, sowie andererseits in den auf dem Handeln der Individuen und ihrem freien Zusammenschluß beruhenden Formen der freien Geselligkeit und der Kirche. Das braucht hier nicht weiter ausgeführt zu werden. In allen diesen Einzelgütern kommt die Einheit des höchsten Gutes, das durch menschliches Handeln zu bewirken ist, nach Schleiermacher nur durch den Zusammenhang der Güter untereinander zum Ausdruck.

Hat Schleiermacher nun mit dieser Begründung der Ethik als Güterethik die Einheit der Bestimmung von Individuum und menschlicher Gemeinschaft überzeugend zu formulieren vermocht? Diese Frage wird man doch wohl auch im Hinblick auf Schleiermacher nur unter der Voraussetzung bejahen können, daß man dem Ansatz bei der den Menschen gemeinsamen Vernunft zustimmt. Diese gemeinsame Vernunft individualisiert sich zwar im menschlichen Verhalten, aber alles, was Schleiermacher über das individuelle Leben sagte, steht doch von vornherein unter der Voraussetzung, daß die Vernunftnatur des Menschen das eigentliche Subjekt des Prozesses der Aneignung der Natur für die Menschen ist. Außerdem aber hat Schleiermacher, wie bereits erwähnt wurde, das höchste Gut ähnlich wie Kant als etwas verstanden, das durch menschliches Handeln hervorzubringen ist. Darin besteht ein tiefer Unterschied zu Platon, dessen Denken Schleiermacher sonst in vieler Hinsicht nahe stand. Für Platon ging die Idee des Guten allem menschlichen Handeln voraus als die göttliche Wirklichkeit, zu der alles hinstrebt und von der alles erleuchtet wird, wie es das Sonnengleichnis in Platons Staat (Resp. 506–509) beschreibt. Die Identität des höchsten Gutes mit Gott bestimmte auch die christliche Rezeption des platonischen Ansatzes der Ethik beim Streben des Menschen nach dem für ihn Guten. Schon bei Kant ist dagegen das höchste Gut als das höchste Ziel, das menschliches Handeln sich zum Zweck setzen soll, gedacht worden. Zwar unterschied Kant gelegentlich noch von dem höchsten durch menschliches Handeln in der Welt zu bewirkenden Gut, nämlich der Vereinigung von moralischer Würdigkeit und Glückseligkeit, Gott als das höchste *ursprüngliche* Gut.[143] Gott heißt bei Kant höchstes ursprüngliches Gut, weil er als Urheber der Naturwelt wie auch der moralischen Ordnung die Bedingung der Erreichbarkeit des höchsten durch menschliches Handeln in der Welt zu realisierenden Gutes ist. Hervorbringendes Subjekt dieses Gutes ist aber nach Kant der Mensch durch sein moralisches Handeln, insofern er sich die Vereinigung von moralischer Würdigkeit und Glückseligkeit zum Zweck seines Handelns in der Welt setzen muß. Diese Aufgabe enthält an sich auch die Aufgabe einer Vermittlung zwischen der Individualität des nach der höchsten Glückseligkeit strebenden Menschen und der Allgemeinheit der moralischen Vernunft. Doch für Kant ist das kein Thema der Ethik mehr. Weil er diese Vermittlungsaufgabe überspringt, kann auch der Gedanke des höchsten Gutes, der aus dem Moralgesetz folgen soll, diese Vermittlung nicht mehr leisten. Entsprechendes gilt für Schleiermacher trotz seiner erklärten Absicht, der Individualität mehr Raum zu geben. Obwohl die Aneignung der Natur für die Vernunft bei Schleiermacher als ein durch individuelles Handeln vermittelter Prozeß gedacht ist, hat dieser Prozeß seinen Ausgangspunkt in der Beschreibung Schleiermachers doch immer schon bei der der Individualität übergeordneten Allgemeinheit der Vernunft. Auch hier kann der Gedanke des höchsten Gutes als Zielbegriff ethischen Handelns daran nichts mehr ändern.

Könnte der Ausfall der Vermittlung zwischen der Lebensführung des einzelnen und der Allgemeinheit der Vernunft in Kants Ausführungen zum Begriff des höchsten Gutes, aber auch bei Schleiermacher, etwas damit zu tun haben, daß der Gottesgedanke von beiden aus dem Begriff des höchsten Gutes ausgeblendet worden ist? Man sollte meinen, daß die Vermittlung des individuellen Strebens nach einem erfüllten Leben mit dem gemeinschaftlichen Gut der Gesellschaft durch den biblischen Reichgottesgedanken nahegelegt worden wäre. Denn nach der Erwartung der Bibel ist erstens das Hineingelangen des einzelnen in die Gemeinschaft des Gottesreiches Inbegriff individueller Heilsteilhabe, zweitens aber ist dieses Gottesreich auch die Vollendung der Bestimmung menschlicher Gesellschaft zu einer Gemeinschaft der Menschen in wahrer Gerechtigkeit und Frieden. Nun haben sowohl Kant als auch Schleiermacher den biblischen Reichgottesgedanken in der Tat mit dem Gedanken des höchsten Gutes verknüpft. Allein der Reichgottesgedanke wurde dabei im Sinne von Kants ethischem Zielbegriff des höchsten Gutes umgedeutet. In Kants Schrift »Die Religion innerhalb der Grenzen der bloßen Vernunft« wird dargelegt, daß das höchste Gut nur ein gemeinschaftliches sein könne,[144] und zu seiner Verwirklichung eine Vereinigung der Menschen zu »einer allgemeinen Republik nach Tugendgesetzen« erfordere (136). Die Begründung eines solchen Zusammenschlusses der Menschen zur Schaffung eines »ethischen gemeinen Wesens« auf der Basis von Tugendgesetzen bezeichnete Kant nun auch als »Gründung eines Reiches Gottes auf Erden« (131). Die Vollendung dieses Reiches ist allerdings auch nach Kant nur von Gott selbst zu erwarten (136, vgl. 282), weil dazu eben außer der Moralität auch die Glückseligkeit gehört, die sich der Mensch letztlich nicht selber in Übereinstimmung mit seiner moralischen Würdigkeit verschaffen kann. Dennoch ist die Gründung eines solchen Reiches nach Kant Sache menschlichen Handelns. Kants ethische Interpretation des Begriffs »Reich Gottes« hat auch Schleiermacher übernommen, obwohl die Begründung der als »Reich Gottes« aufgefaßten Kirche durch Jesus bei Schleiermacher auf Gott zurückgeführt und nicht nur als bildliche Einkleidung für eine durch menschliches Handeln zu schaffende ethische Gemeinschaft gedacht wurde. Das Reich Gottes ist also bei Schleiermacher nicht in derselben Weise wie bei Kant als Produkt menschlich-ethischen Handelns aufgefaßt worden.[145] Dennoch ist es auf das ethische Handeln der Menschen bezogen. Von Gott geht nur die Gründung und die Vollendung des Reiches aus. Der Prozeß, der von der Gründung zur Vollendung des Gottesreiches führt, ist auch bei Schleiermacher Sache ethischen Handelns.

In Schleiermachers nachgelassenem Werk über »Die christliche Sitte« heißt es, daß für den Christen das Reich Gottes das »höchste Gut« sei, weil die Erlösung durch Christus »in dem menschlichen Geschlechte nur dargestellt wird durch das Reich Gottes«.[146] Schleiermacher verband diese Aussage mit einer kritischen Bemerkung zu der in der theologischen Tradition geläufigen Auffassung, »daß Gott das höchste Gut sei«. Dieser Ausdruck sei »nicht ganz angemessen, denn ein Gut ist uns etwas nur, sofern wir etwas besitzen oder innehaben«. Daher sollte besser »die Gemeinschaft mit Gott«, die als Reich Gottes ihre Darstellung findet, das höchste Gut heißen. »Darstellung« der Gemeinschaft mit Gott ist das Reich Gottes bei Schleiermacher auch, weil es sich in der Gemeinschaft der Kirche, in ihrem Entstehen und Werden realisiert.[147] Die für das Christentum nach Schleiermacher charakteristische Beziehung der Frömmigkeit auf das Reich Gottes ist dabei als »teleologisch«, also als ethisch bestimmt gekennzeichnet.[148]

Dadurch, daß bei Schleiermacher wie bei Kant der Begriff des Reiches Gottes unmittelbar als Gegenstand und Ziel ethischen Handelns gedacht und dabei mit der Gemeinschaft der Kirche gleichgesetzt wurde, konnte dieser Gedanke nicht mehr als Vermittlung der Differenz von Individuum und Gemeinschaft bei der Begründung der Ethik fungieren, wie das dem platonischen Ansatz der Ethik beim Bewegtsein der Menschen von der Frage nach dem für sie Guten entsprochen hätte. Die Gemeinschaft mit Gott im Reiche Gottes müßte dazu zunächst einmal auf die individuelle Lebensthematik bezogen werden, auf das Verlangen nach dem Gelingen des individuellen Lebens, welches die antike Philosophie »Glückseligkeit« nannte. Davon zu unterscheiden wäre die Beziehung des Reich-Gottes-Gedankens auf die Vollendung der menschlichen Gemeinschaft. Nur unter der Voraussetzung, daß der Reichgottesgedanke von der ethischen Lebensbewegung des Individuums einerseits, von den aus der gemeinsamen Vernunftnatur der Menschen fließenden ethischen Normen andererseits unterschieden und *beiden* vorgeordnet ist, kann er zwischen der Lebensthematik des Individuums und den ihm durch die Gesellschaft begegnenden Ansprüchen an das individuelle Verhalten vermitteln. Das kann nicht mehr geschehen, wenn das Reich Gottes als Produkt menschlich-ethischen Handelns gedacht wird, sondern nur dann, wenn es als von Gott selbst herkommend aufgefaßt und wenn dabei Gott (im Gegensatz zu Kant) als Grund ethischer Verbindlichkeit gedacht wird.

In diese Richtung weisen die Überlegungen zur Begründung der Ethik bei Ernst Troeltsch.[149] Auch Troeltsch hat die Ethik als Güterlehre begründen wollen und den Begriff des höchsten Gutes mit dem des Reiches Gottes verbunden. Aber er betonte unter dem Eindruck der damals neuen, eschatologischen Deutung der Reich-Gottes-Verkündigung Jesu durch Johannes Weiß[150] nunmehr, daß das Reich Gottes allein von Gott selber herkommen wird. Diese eschatologische Zukünftigkeit des Reiches Gottes faßte Troeltsch ganz im Sinne von Weiß als das zentrale Thema der Verkündigung Jesu auf, hinter dem er seine eigene Person zurückgestellt habe.[151] So schrieb Troeltsch mit scharfer Wendung gegen die kantianisierenden Deutungen der Vorstellung des Gottesreichs, dieses sei »nicht die Verbindung von Menschen durch gemeinsame Anerkennung des Gesetzes der Autonomie als eines von Gott in die Brust gelegten Gesetzes ... sondern eine wundervolle Gabe Gottes, etwas völlig Objektives, die Gemeinschaft der Menschen in völligem Frieden und völliger Liebe, weil in völliger Hingabe und Beugung unter die vollkommen offenbarte Herrschaft Gottes ...«.[152]

Der Vorordnung der Zukunft des Gottesreiches vor alles menschliche Handeln entspricht auch Troeltschs Begriff des höchsten Gutes, der anders strukturiert ist als bei Kant oder Schleiermacher. Zwar hat auch Troeltsch den Begriff des Guten mit dem des Zweckes verbunden,[153] aber er sah die Wahl von Zwecken in der geistigen Erfahrung von Werten begründet, die dem Handeln des Menschen vorhergehen. Troeltsch setzte voraus – im Anschluß an Schleiermacher – daß diese Werte wegen der Einheit der menschlichen Natur etwas Gemeinsames haben, das aber erst in der Auseinandersetzung zwischen unterschiedlichen Wertbildungen und als Resultat dieser Auseinandersetzung im Prozeß der Religionsgeschichte deutlich hervortritt. Von daher ist verständlich, daß Troeltsch von dem gemeinsam zu erstrebenden höchsten Gut meinte, es sei »als Ganzes und Fertiges ... der Geschichte jenseitig«.[154] In dieser Hinsicht konvergiert der Begriff des höchsten Gutes in der Darstellung von Troeltsch mit der von Jesus verkündigten Zukunft des Gottesreiches. Unter deren Eindruck werden nun bei Troeltsch alle innerweltlichen Kulturgüter relativiert. Auch nach dem Abklingen der urchristlichen Naherwartung bleibe, so urteilte Troeltsch, die »Spannung« zwischen dem höchsten Gut der Gottesherrschaft und den »aus dem Weltleben herausgebildeten ... sittlichen Culturgütern« bestehen.[155] Auf dieser Spannung beruht nach Troeltsch der Reichtum der durch das Christentum bestimmten Kulturgeschichte, weil der Gegensatz zwischen der Jenseitigkeit des Reiches Gottes und den innerweltlichen Kulturgütern immer aufs neue aufgehoben werden muß durch den Versuch einer Vermittlung zwischen den beiden Seiten dieses Gegensatzes.

Der Gesichtspunkt der Zukunft des Gottesreiches und seine Bedeutung für die Ethik ist neuerdings auch von Trutz Rendtorff in seinen Ausführungen über »Das Kommen des Reiches Gottes als theologisches Ziel christlicher Ethik« hervorgehoben worden,[156] und zwar im Zusammenhang seiner Kritik an dem Streit zwischen der traditionellen lutherischen Ordnungsethik als einer Lehre von Ordnungen, die der Welt als Schöpfung Gottes innewohnen, einerseits und dem von Karl Barth ausgegangenen christozentrischen Begründungsansatz der Ethik, der aus der Christologie direkte ethische Konsequenzen ableitet. Rendtorff äußert gegenüber diesen beiden Auffassungen Bedenken. Die Ordnungsethik scheint ihm zu einseitig an den Lebensordnungen der vorhandenen Welt orientiert zu sein, wenn auch mit innerer Distanz zu dieser Welt als gefallener Schöpfung. Bei der im Zeichen der Königsherrschaft Christi entwickelten Ethik hingegen wird die »unbefangene Wahrnehmung der ethischen Phänomene ...

von einer christlich normierten Ideologie zurückgedrängt«, deren ethische Weisungen noch dazu »in hohem Maße der religiösen Beliebigkeit« ausgesetzt bleiben.[157] Demgegenüber habe die »Orientierung am Symbol des Reiches Gottes« den Vorzug, daß »von diesem Bezugspunkt her ... Welt und Subjekt gleichermaßen umgriffen« werden, so daß der Gegensatz zwischen den Wegen zur Ethikbegründung von der Schöpfungslehre her einerseits, vom christologisch bestimmten Subjekt andererseits in dem durch die Erwartung des Reiches Gottes bestimmten Horizont überwunden werden kann.

Allerdings darf nach Rendtorff auch das Thema Reich Gottes nicht in der Weise als Grundlage ethischer Urteilsbildung in Anspruch genommen werden, daß »die Eschatologie unmittelbar normative Bedeutung« gewinnt zur Begründung »einer Art christlicher Gegenpraxis gegen die bestehende Welt«.[158] Das ist die Kritik Rendtorffs an zur Befreiungstheologie bzw. zu einer Theologie der Revolution tendierenden ethischen Ansätzen, wie er sie bei Jürgen Moltmann und Paul Lehmann vor Augen hat.[159] Der Einwand dagegen lautet, daß hier »die Unterscheidbarkeit von ethischen Kriterien der Lebensführung und menschliches Handeln transzendierenden religiösen Zielvorstellungen« nicht mehr deutlich ist. Demgegenüber greift Rendtorff unter Bezugnahme auf meine Äußerungen zum Thema Gottesherrschaft und Ethik der Sache nach zurück auf die Funktion, die das Kommen des Reiches Gottes als Zielbestimmung der Ethik schon bei Troeltsch gehabt hat: Dieses Futurum »stellt jeden Zustand der Welt und des darauf bezogenen Handelns in die Perspektive der Vorläufigkeit«.[160] Das Reich Gottes ist kein durch menschliches Handeln zu realisierendes Ziel. Darin besteht, wie Rendtorff mit Recht sagt, »die kritisch-distanzierende Funktion der Eschatologie für die Ethik«. Darüber hinaus behauptet Rendtorff jedoch mit mir auch eine »orientierende und ermutigende Funktion der Eschatologie für die Ethik«. Sie ergebe sich aus dem Inhalt der Reichgotteshoffnung »in der Verheißung vollkommener Gemeinschaft mit Gott und der Erfüllung jeder Suche nach dem Guten«. Darin ist nämlich, wie Rendtorff sagt, »die Vertrauenswürdigkeit der Suche nach dem Guten über menschliches Gelingen hinaus« begründet. Hier vollzieht Rendtorff einen Schritt über Troeltschs Bestimmung der Funktion der Eschatologie für die christliche Ethik hinaus. Er macht nämlich eine positive Beziehung zwischen der Schöpfungswirklichkeit des Menschen und ihrer eschatologischen Vollendung geltend. Diese positive Beziehung besteht in der »Suche nach dem Guten«, deren Erfüllung die Zukunft der eschatologischen Vollendung bringen wird. Troeltsch hatte statt dessen den Gegensatz zwischen dem höchsten Gut der Gottesherrschaft und den aus dem Weltleben herausgebildeten sittlichen Kulturgütern betont und daher der christlichen Ethik die Aufgabe eines immer wieder neu zu findenden Kompromisses gestellt, eines Kompromisses zwischen den innerweltlichen Zwecken im Dienste des Staates, des Rechts, der Wissenschaft, der Kunst« und den Forderungen des religiösen Zwecks, dessen Kraft darauf beruht, daß er unerläßlich ist für die Vereinheitlichung der innerweltlichen Zwecke.[161]

An der Stelle des bei Troeltsch zum Prinzip erhobenen Kompromißgedankens steht bei Rendtorff der der »Ermutigung« als Ausdruck für die positive Beziehung der eschatologischen Hoffnung auf die Gegenwart der ethischen Lebensführung. Rendtorff hat sich an diesem Punkt durchaus kritisch zu Troeltsch äußern können.[162] Doch er stimmt mit Troeltsch überein im Hinblick auf die Differenz zwischen Eschatologie und Ethik – eine Differenz, in der bei Rendtorff die lutherische Unterscheidung von Gottesreich und Weltreich ihren Ausdruck findet: »Eschatologie ist nicht selbst Ethik und kann nicht an deren Stelle treten. Sie ermöglicht und fordert Ethik. Als Lehre vom ›Höchsten Gut‹ repräsentiert sie die Vollendung der ethischen Aufgabe; aber sie tut dies auf theologische Weise«.[163] Diese Aussage Rendtorffs verdient nachdrückliche Zustimmung: Eschatologie kann nicht unmittelbar *Gegenstand* ethischen Handelns sein. Sie ist kein durch menschliches Handeln zu realisierendes Ziel, wohl aber umgekehrt Quelle der Inspiration menschlich-ethischen Handelns im Sinne seiner Orientierung und Ermutigung. Das entspricht der platonischen Idee des Guten und ihrer Vorordnung vor alles menschliche Handeln ebenso wie vor die damit verbundenen Erwartungen gelungenen Lebens. Diese Korrespondenz der Zukunft der Gottesherrschaft mit der platonischen Idee des Guten – und damit überhaupt mit der platonischen Begründung der Ethik – klingt auch bei Rendtorff an, wenn er davon spricht, daß die eschatologische Hoffnung die »Suche nach dem Guten« über die Schranken menschlichen Gelingens hinaus ermutige.[164] Die Relevanz dieses Sachverhalts für die theoretische Grundlegung der Ethik hätte allerdings genauerer Entfaltung bedurft als sie ihr bei Rendtorff zuteil wird. Die Korrespondenz zwischen der Zukunft der Gottesherrschaft und der Zukunft des Guten im Sinne der platonischen Grundlegung der Ethik erlaubt es nämlich, die Begründung der Ethik auf die Zukunft der Gottesherrschaft nicht nur als christlichen Glaubensstandpunkt, sondern mit dem Anspruch auf Allgemeingültigkeit vorzutragen. Um sich dessen zu vergewissern, sei der systematische Ertrag der Ausführungen dieses letzten Abschnitts hier noch einmal zusammenfassend formuliert:

1. Das höchste Gut, nach dem alles strebt und auf das auch alles menschliche Verhalten gerichtet ist, läßt sich nicht in diesem sterblichen Leben finden, sondern ist identisch mit Gott. Dieser Gedanke ist schon bei Platon angebahnt und von Augustin mit Entschiedenheit vertreten worden: »... du schufst uns zu dir hin« schrieb Augustin zu Beginn seiner Confessiones, »und unser Herz ist unruhig in uns, bis es Ruhe findet in dir«.[165] Darum ist Gott auch – im Gegensatz zur Auffassung Kants – als Grund aller ethischen Verbindlichkeit zu denken.[166]

2. Schleiermacher hat mit Recht gesagt, daß die Bezeichnung Gottes als des höchsten Gutes für uns nur bedeuten könne, daß die Gemeinschaft mit Gott dieses höchste Gut sei. Das aber bedeutet, daß die Aufnahme in die Heilsgemeinschaft der Gottesherrschaft für die Menschen das höchste Gut ist, das alles menschliche Suchen und Streben zur Ruhe der Erfüllung bringt: die ewige Seligkeit.

3. Die Zukunft der Gottesherrschaft relativiert auf der einen Seite alle innerweltlichen Zielsetzungen menschlichen Handelns, sie ermutigt aber auf der anderen Seite zum Tun des Guten in dieser Welt. Wie das im einzelnen zu verstehen ist, wie also der Begründungszusammenhang, der von der Eschatologie zu den Aussagen der Ethik führt, aussieht, muß im folgenden noch genauer dargelegt werden.

4. Das Reich Gottes ist nicht nur der Ort der Glückseligkeit für den einzelnen, sondern auch Ort der Vollendung der Gemeinschaft der Menschen durch wahrhafte Gerechtigkeit und durch den darauf begründeten Friedenszustand. Eine Begründung der Ethik vom Gedanken des Gottesreiches als der Zukunft des Guten her schließt darum auch die Bedingungen menschlicher Gemeinschaft in sich, wie sie in der Naturrechtstradition und in der zweiten Tafel des Dekaloges formuliert worden sind. Dabei bedürfen die entsprechenden Aussagen aber der angedeuteten Begründung durch den Ausweis ihres Inhalts als Bedingungen menschlicher Gemeinschaft. Es genügt nicht, sie einfach als autoritative oder selbstevidente Vorschriften geltend zu machen. Im Zusammenhang damit sind weiterhin die Grundformen menschlicher Gemeinschaftsbildung in ihrer Beziehung zur Zukunft der Gottesherrschaft in der Ethik zu behandeln.

4. Kapitel:
Reich Gottes und Ethik

Die ethische Relevanz des Reichgottesgedankens ist nicht beschränkt auf eine spezifisch christliche Ethik. Das ergibt sich aus dem Zusammenhang des für die Ethik konstitutiven Begriffs des Guten mit dem Gottesgedanken. Der Begriff des Reiches Gottes als Ort der Gemeinschaft des Menschen mit Gott präzisiert nämlich den Gedanken, daß Gott das höchste Gut für den Menschen und Grund jeder anderen Gestalt des Guten in ihrer Vorgängigkeit vor allem Streben der Menschen nach dem *für sie* Guten ist. Insofern kommt dem Reichgottesgedanken allgemeine ethische Relevanz zu, auch für eine rein philosophisch-ethische Reflexion.

In diesem Zusammenhang erhebt sich unvermeidlicherweise die Frage, ob dem Gedanken Gottes und seines Reiches nicht – neben der Funktion einer kritischen Begrenzung der Möglichkeiten menschlich ethischen Handelns und über die einer Ermutigung zu solchem Handeln hinaus – auch eine Begründungsfunktion für die Inhalte ethischer Aussagen zufallen muß. Das ergibt sich schon aus den Implikationen des Redens von Gott: Gott ist notwendig als Ursprung und Herr alles von ihm Verschiedenen zu denken. Als höchstes Gut des Menschen ist er darum notwendig Grund aller anderen Gestalten des Guten. Muß also nicht Gott und sein Reich als Ursprung und Grund auch aller ethischen Normen und ihrer Verbindlichkeit gedacht werden? Diese Konsequenz scheint unabweisbar, wenn man nicht mit Kant Gott von vornherein aus der Frage nach einer Begründung moralischer Normen und ihrer Verbindlichkeit ausschließen will.

Die Frage nach der Möglichkeit einer Begründung der Ethik aus dem Gesichtspunkt der Gottesherrschaft bzw. des Gottesreiches kann nun aber nicht an der christlichen Theologie vorbeigehen, weil in der Botschaft Jesu tatsächlich eine solche Begründung ethischer Normen vorliegt oder zumindest implizit gegeben ist. Auch eine philosophische Betrachtung, die sich auf das Verhältnis von Gottesgedanke und Ethik einläßt, wird daher diesem Sachverhalt Beachtung schenken müssen. Dabei handelt es sich allerdings zunächst um eine nur für den Glauben an die Gottesherrschaft und ihre Nähe, wie Jesus sie verkündigt hat, verbindliche Argumentation. Ob ihr auch eine allgemeinere Relevanz zukommt für den menschlichen Lebensvollzug außerhalb der christlichen Glaubensgemeinschaft und also auch für eine philosophische Ethik, die sich dem christlichen Glauben gegenüber distanziert verhält, wird in einem weiteren Schritt zu fragen sein.

Eine Begründung der Ethik aus dem Glauben an die kommende Gottesherrschaft ist nicht in der Weise möglich, daß es Sache menschlichen Handelns wäre, das Reich Gottes in dieser Welt zu errichten oder zumindest einen Prozeß revolutionärer Veränderung der Gesellschaft in Gang zu bringen, der auf das Reich Gottes zielt. Hier ist die Kritik von Trutz Rendtorff an solchen ethischen Konzeptionen im Recht.[167] Das Reich Gottes kommt nach der Botschaft Jesu allein von Gott her, nicht durch weltveränderndes menschliches Handeln. Das schließt jedoch nicht aus, daß das Vertrauen auf die Nähe der Gottesherrschaft Konsequenzen im Verhalten der Menschen hat. Dabei geht es nicht – oder jedenfalls nicht in erster Linie – um Programme zur Veränderung der Gesellschaft, sondern um Konsequenzen im Verhalten der Individuen. Jesus hat die Botschaft von der Nähe der Gottesherrschaft ja als Botschaft an die einzelnen Menschen seines Volkes verkündet mit dem Aufruf, ihr eigenes Leben auf die Nähe Gottes einzustellen. Diese eschatologische Botschaft Jesu war auch Grundlage seiner Interpretation des überlieferten Gottesrechts.

1. Jesu Gesetzesauslegung als Konsequenz seiner eschatologischen Botschaft[168]

Jesus rief dazu auf, zuerst nach dem Reiche Gottes und seiner Gerechtigkeit zu trachten und dem alle anderen Anliegen unterzuordnen (Lk 12,31; Mt 6,33). Eine Reihe seiner Gleichnisse haben diese Pointe, so das Gleichnis vom Kaufmann und der kostbaren Perle sowie das vom Schatzfund im Acker (Mt 13,44–46). Fragt man, worauf diese Priorität der Gottesherrschaft in der Botschaft Jesu beruht, so wird man an den Primat des ersten Gebotes im Glauben Israels zu denken haben. Jesus hat dieses Gebot aber nicht in der Form von Ex 20,3, sondern in der Formulierung des *sh'ma* (Dtn 6,4f.) als das höchste Gebot bezeichnet (Mk 12,29f.; Mt 22,37f.). Das Deuteronomium verbindet an dieser Stelle mit der Einzigkeit des Gottes Israels unmittelbar die Forderung nach ungeteilter Zuwendung des Menschen zu diesem Gott: »Höre Israel: Der Herr, unser Gott, ist ein einziger, und du sollst den Herrn, deinen Gott, lieben von ganzem Herzen, von ganzer Seele und mit aller deiner Kraft«. Das war auch die Grundforderung der Botschaft Jesu: Das Kommen Gottes zu seiner Herrschaft schließt alle konkurrierenden Rücksichten aus.

Daraus folgte nun aber, daß bei denjenigen, die sich dem Anruf Jesu öffnen, Gott schon gegenwärtig zur Herrschaft gelangt. Sie unterstellen ihr Leben ja schon gegenwärtig ganz und gar der Gottesherrschaft. So wird man den Zusammenhang zwischen den Zukunftsaussagen Jesu über die *basileia* und den selteneren Worten über ihren Anbruch in der Gegenwart seines Wirkens und des Eingehens darauf bei den Hörern seiner Botschaft (Lk 11,20 par. und Lk 17,21) zu verstehen haben: Wer sein Leben jetzt schon ganz auf die Zukunft Gottes ausrichtet, bei dem bricht diese Zukunft jetzt schon an.

Die Zukunft der Gottesherrschaft aber ist für diejenigen, die an ihr teilhaben (sie »ererben«) werden, die Zukunft des Heils, das in der Gemeinschaft mit Gott besteht. Der schon gegenwärtige Anbruch der Gottesherrschaft bei denen, die sich glaubend auf Jesu Botschaft einließen, bedeutet darum, daß ihr Leben schon jetzt in der Gegenwart des endgültigen Heils gelebt wird. Jesus hat darum den Sinn seiner Sendung durch den Vater darin erblicken können, den Verlorenen das Heil Gottes zu bringen, und insofern hat Jesus seine Sendung als Ausdruck der das Verlorene suchenden Liebe Gottes verstehen können (vgl. die Gleichnisse von Lk 15).

An dieser Stelle hängen nun Jesu eschatologische Botschaft und seine Interpretation der Forderung Gottes zusammen: Wenn das Heil in der Gemeinschaft mit Gott und seiner Herrschaft besteht und wenn die Liebe Gottes darin offenbar ist, daß durch die Sendung Jesu dieses Heil *schon gegenwärtig* bei den Menschen anbricht, dann folgt daraus: Man kann in der Gemeinschaft mit Gott und seinem Heil nur bleiben, wenn man teilnimmt an der auf die Welt der Menschen gerichteten Liebe Gottes. Darum ist nach Jesu Gleichnis vom Schalksknecht (Mt 18,22–35) die Sündenvergebung, die durch die Heilsgegenwart der Gottesherrschaft den Glaubenden zuteil wird, an die Bereitschaft des Empfängers gebunden, seinerseits andern zu vergeben. Denselben Gedanken spricht die fünfte Bitte des Vaterunser aus (Lk 11,4 par.). Derselbe Gedanke begegnet in allgemeinerer Gestalt auch in der Begründung des Gebots der Feindesliebe aus der Vatergüte des Schöpfers, der seine Sonne über die Bösen ebenso wie über die Guten scheinen läßt (Mt 5,45f.). Hier argumentiert Jesus aber nicht von der eschatologischen Zukunft der Gottesherrschaft her, deren Heil durch Jesu Sendung vermittelt bei den Glaubenden schon Gegenwart wird, sondern Mt 5,45f. geht von der in Gottes Wirken als Schöpfer und Erhalter seiner Geschöpfe zum Ausdruck kommenden liebevollen Fürsorge aus. In der Botschaft Jesu finden sich also zwei Argumente für den Gedanken der Liebe Gottes zu uns: die fürsorgliche Liebe des Schöpfers, der uns im Dasein erhält, und die Offenbarung der Liebe Gottes in der Sendung Jesu, durch die er den Glaubenden schon gegenwärtig das Heil der Gottesherrschaft schenkt. Schöpfungsglaube und Eschatologie gehören bei Jesus zusammen. Die Führung gehört dabei der eschatologischen Botschaft von der Nähe der Gottesherrschaft. In ihrem Lichte erschließt sich erst das volle Verständnis für die liebevolle Zuwendung des Schöpfers. In beiden Argumenten ist die Liebe Gottes Vorbild für das Verhalten der Menschen. Aber die Begründung aus dem gegenwärtigen Anbruch des Heils der Gottesherrschaft hat auch hier wieder den Vorrang, weil nur in ihr der Schluß vom Verhalten Gottes auf das des Menschen wirklich zwingend ist: die Gemeinschaft mit Gott im Empfang des Heils kann eben nur bewahrt werden durch das Weitergeben der empfangenen Vergebung, also durch Teilnahme an der Dynamik der Liebe Gottes, die nicht nur auf den einzelnen Empfänger, sondern auf alle seine Geschöpfe zielt.

Von daher wird dann auch der Zusammenhang von Gottesliebe und Nächstenliebe in Jesu Antwort auf die Frage nach dem höchsten Gebot verständlich (Mk 12,31 par.). Als Bindeglied ist auch hier die Teilhabe am eschatologischen Heil und damit an der vergebenden Liebe Gottes hinzuzudenken, die dem zuteil wird, der sich im Sinne der Botschaft Jesu (und des ersten Gebotes) ganz der Zukunft Gottes und seiner Herrschaft unterstellt und damit an der Bewegung der Liebe Gottes auf die Welt hin teilnimmt.

Die Zusammenfassung des jüdischen Gottesrechts durch das Doppelgebot der Liebe war bei Jesus nichts völlig Neues. Das zeigt gerade auch die Perikope von der Frage nach dem größten Gebot: Jesus und der ihn befragende (oder nach Lk 10,26 von ihm befragte) Schriftgelehrte stimmen in dieser Auffassung überein. Neu war nur die Begründung dafür bei Jesus, – eine Begründung, die die Autorität der Gesetzesüberlieferung nicht mehr voraussetzte, auch nicht mehr auf der

Grundlage des Bundesgedankens und der damit gegebenen Zusammengehörigkeit der beiden Tafeln des Dekaloges, sondern statt dessen von der eschatologischen Botschaft Jesu her argumentierte: Darum konnte die Gesetzesauslegung Jesu der Autorität der Tradition kritisch gegenübertreten, wie die Bergpredigt bei Matthäus es zeigt, während die Zusammenfassung des Gotteswillens im Doppelgebot der Liebe bei den Rabbinen die Autorität der ganzen Gesetzesüberlieferung mit all ihren Einzelgeboten immer schon voraussetzte und eben nur deren Inhalt zusammenfaßte.

Jesu Auslegung des Gotteswillens auf der Basis seiner eschatologischen Botschaft von der Nähe der Gottesherrschaft und ihres Anspruchs auf die Menschen führt also auf das Doppelgebot der Liebe. Aber kann für eine solche Begründung der Ethik auf den Gottesgedanken Jesu auch der Anspruch auf Allgemeingültigkeit erhoben werden, und erstreckt sich ihre Relevanz wirklich auf das ganze Gebiet ethischen Handelns?

2. Liebe und Wohlwollen[169]

Was kennzeichnet eine ethische Einstellung zum Leben? Sie setzt voraus, daß ein Mensch das Leben nicht nur aus der Perspektive des eigenen Ich, seiner Begierden und Ansprüche auf Selbstentfaltung betrachtet. Darum war für Kant das moralische Bewußtsein durch die Erhebung des einzelnen über das Eigeninteresse zur Allgemeinheit der Vernunft gekennzeichnet. Doch diese Beschreibung des moralischen Bewußtseins hat das Unbefriedigende, daß sie zur Individualität des konkreten Lebens in Gegensatz tritt. Sie hat die Form der Gesetzlichkeit, die vom Individuum als drückend empfunden werden kann, obwohl sie als Autonomie ausgegeben wird. Daran scheitert gerade bei der auf die Allgemeinheit der Vernunft begründeten Vernunftethik der Anspruch auf Allgemeingültigkeit. Konkrete Moralität als Erhebung über die Schranken des egoistischen Eigeninteresses lebt aus einer anderen Quelle, nämlich aus dem Impuls eines Wohlwollens gegenüber anderen.[170]

Der Impuls des Wohlwollens gehört zur menschlichen Natur, wie schon die englische Moralphilosophie von Shaftesbury bis Hume gezeigt hat. Aber er ist durch kein Vernunftargument erzwingbar. Das hat Robert Spaemann mit Recht betont.[171] Er erinnert daran, daß schon

Leibniz die Ethik auf die Tatsache des Wohlwollens begründen wollte. Die im 17. Jahrhundert umstrittene Frage, ob es uninteressierte, also nicht egoistische Liebe überhaupt gebe, suchte Leibniz durch die Formel zu lösen, lieben heiße, sich an dem Glück eines anderen zu erfreuen *(amare sive diligere est felicitate alterius delectari)*, und dieses Sicherfreuen am Glück anderer bezeichnete Leibniz genauer als Wohlwollen *(benevolentia)*. Solches Wohlwollen betrachtete Leibniz als ethische Wurzel aller Rechtsverhältnisse und schickte darum Bemerkungen zu diesem Thema einer 1693 von ihm herausgegebenen Sammlung von Staatsverträgen voraus.[172] Nach Spaemann hielt Leibniz seine Definition der Liebe als Wohlwollen *(delectatio in felicitate alterius)* »für die Lösung des Eudämonismusproblems, also der Frage, wie ein ursprüngliches Interesse am Andern mit dem unüberwindlichen Wunsch nach dem eigenen Glück zusammengehen könne«.[173] Die Begründung der Ethik auf diesen Sachverhalt bedeutete freilich, die Ethik auf die Tatsache einer Neigung zu begründen, wenn auch auf eine nicht zufällig auftretende, sondern zur menschlichen Natur gehörige und insofern als ein allgemein menschliches Phänomen anzusprechende Neigung. Kant war das zu wenig, wie Spaemann bemerkt. Kant beurteilte die Liebe, eben weil sie eine Neigung ist, als moralisch irrelevant.[174] Sie ist nach Kant »pathologisch«, also »eine Leidenschaft, für die wir nichts können. Deshalb kann sie anscheinend der Grund der sittlichen Gesinnung nicht sein«.[175] Liebe läßt sich auch nicht dem sittlichen Begriff der Pflicht zuordnen. Sie kann, wie Kant scharfsinnig hervorhob, nicht geboten werden; »denn es steht in keines Menschen Vermögen, jemanden bloß auf Befehl zu lieben«.[176] Dagegen kann Achtung vor dem Gesetz sehr wohl Gegenstand eines Gebotes sein, und darauf, nicht auf Liebe wollte Kant darum die Moralität seiner Pflichtethik gründen.[177] Erst die Kritik an Kants Moralbegründung macht den Weg frei für die Erwägung, ob der Rekurs auf die Tatsache des Wohlwollens nicht doch eine realistischere, menschlichere und auch tragfähigere Begründung der Ethik ermöglicht. Das wurde schon durch Schillers ironisches Distichon »Gewissensskrupel« nahegelegt: »Gern dien' ich den Freunden, doch thu' ich es leider mit Neigung, Und so wurmt es mir oft, daß ich nicht tugendhaft bin«.

Die Unerzwingbarkeit des Wohlwollens ist ein Sachverhalt, der – wie Spaemann treffend bemerkt hat – der christlichen Auffassung korrespondiert, daß Liebe Gnade ist. Andererseits gibt es jedoch, wie Leibniz mit Recht behauptete, eine zur menschlichen Natur gehörige

Neigung, andern mit Wohlwollen zu begegnen. Diese latente Neigung wird aktiviert durch die Gnade, und so wird sie auch aufgenommen und aktiviert durch das Liebesgebot Jesu. Nur darum läßt sich der Kritik Kants am Widersinn der Vorstellung, »jemanden bloß auf Befehl zu lieben«, begegnen: Das Liebesgebot ist nur darum kein paradoxer Widersinn, weil Jesu Aufruf zur Liebe auf ein Echo im Herzen der Menschen rechnen kann, deren Leben immer schon durch die Liebe des Schöpfers begründet und zur Teilnahme an der Bewegung seiner Liebe geschaffen ist (Mt 5,44f.). Das ist eben die den Menschen natürliche, obwohl nicht immer praktizierte und nicht erzwingbare, daher sie charismatisch über sich selber und ihr Eigeninteresse hinaushebende Kraft des Wohlwollens.

Wenn die Nächstenliebe des Evangeliums durch den Begriff des Wohlwollens interpretiert wird, dann bedeutet das auf der einen Seite, daß sie zwar affektiv verwurzelt ist, aber doch nicht im Sinne der leidenschaftlichen Zuneigung erotischer Liebe. Andererseits besteht sie auch nicht nur aus den Werken der Barmherzigkeit, als da sind: Hungernde speisen, Durstigen zu trinken geben, Fremdlinge beherbergen, Nackte kleiden, Kranke und Gefangene besuchen (Mt 25,35–37).[178] In solchen Werken äußert sich in der Tat die Nächstenliebe. Aber ihre affektive Wurzel besteht im Wohlwollen, neutestamentlich gesprochen in der Agape.[179]

Die christliche Predigt der Nächstenliebe muß daran interessiert sein, daß die Agape nicht etwas dem Menschen Unnatürliches und Fremdes ist, das uns erst durch Jesus Christus begegnet und zugemutet würde. Der christliche Liebesgedanke bestärkt und befreit vielmehr eine Anlage, die in der menschlichen Natur begründet, aber durch egoistische Strebungen oft verdeckt und verkümmert ist. Die christliche Lehre von der Liebe muß daher daran interessiert sein, daß Agape oder Wohlwollen auch außerhalb des christlichen Glaubens im Verhalten der Menschen auftritt. Als ein Beispiel dafür, daß das nicht nur der Fall ist, sondern auch außerhalb des Christentums Beachtung gefunden hat, kann die aristotelische Lehre von der *philia*, der Freundschaftsliebe, gelten.[180] Freundschaft ist nach Aristoteles ein Verhältnis gegenseitigen Wohlwollens (Eth. Nic. 1155b 33f.). Wohlwollen *(eunoia)* braucht nicht immer gegenseitig zu sein und setzt darum auch nicht die Kenntnis dessen voraus, dem Wohlwollen entgegengebracht wird. Freundschaft hingegen bedarf einer gegenseitigen Kenntnis, wie sie durch gemeinsame Erfahrungen begründet wird, nach Aristoteles zum Beispiel unter Kriegskameraden. Solche Freundschaft ist nach Aristoteles für alles Gemeinschaftsleben notwendig (1155a 4f.) und hält insbesondere auch die Gemeinschaft des Staates zusammen (1155a 22f.). Die christliche Theologie hat diese aristotelische Beschreibung mit Recht aufgenommen im Zusammenhang ihrer Ausführungen über die Nächstenliebe.[181] Dabei entspricht die Nächstenliebe aber mehr dem der Freundschaft zugrunde liegenden, allgemeineren Phänomen des Wohlwollens, das nicht wechselseitig sein muß, sondern als einseitige Zuwendung zum andern »schenkende Liebe« ist, wie Friedrich Nietzsche so schön gesagt hat.[182]

Die Beziehung des biblischen Gedankens der Nächstenliebe zu dem Phänomen des Wohlwollens gibt nun Anlaß zu der weiteren Frage, wie Nächstenliebe und Wohlwollen überhaupt in die natürliche oder geschöpfliche Situation des Menschen eingebettet sind. Wenn alle Ethik ihre Basis letztlich im Gottesgedanken als der Quelle und dem Inbegriff des Guten hat, dann ist von daher die Grundsituation des Menschen als Geschöpflichkeit bestimmt. Umgekehrt ist es die Tätigkeit Gottes als Schöpfer und Erhalter seiner Geschöpfe, die bei Jesus als Vorbild der Liebe in ihrer radikalsten Gestalt, nämlich als Liebe oder Wohlwollen auch gegenüber dem Feind charakterisiert wurde; denn Gott »läßt seine Sonne über Böse wie Gute aufgehen und läßt regnen über Gerechte wie Ungerechte« (Mt 5,45).

3. Die Geschöpflichkeit des Menschen und das Liebesgebot

Alle Ethik muß sich auf die Grundsituation des Menschen und seiner Lebensführung beziehen. Schon die Entstehung der Ethik in der Antike war durch den Rückgang hinter die als bloße Konvention verdächtigten Regeln der Sitte und des staatlichen Rechts auf die Natur des Menschen gekennzeichnet, sei es daß das Streben nach Lustgewinn als die von Natur aus beherrschende Triebkraft menschlichen Verhaltens galt, sei es, daß man das Streben nach dem für den Menschen Guten als das Primäre betrachtete oder Regeln der Lebensführung unmittelbar aus der Logosnatur des Menschen ableitete, wie das späterhin noch bei Kant geschah. Entscheidend war immer, wie die Natur des Menschen bestimmt wurde. Das gilt erst recht für die Neuzeit, in der der Rekurs auf die Wesensnatur des Menschen die religiöse Begründung der Ethik ersetzt hat, die für die christlich geprägte Geschichte der abendländischen Kultur bestimmend gewesen war. Zentrales Beispiel für die Funktion der Anthropologie als Basis der Ethik ist die neuzeitliche Doktrin der Menschenrechte. Auch die Frage, ob die Ethik einer religiösen Begründung bedarf oder nicht, kann mit Anspruch auf Allgemeingültigkeit nur auf der Basis der Anthropologie erörtert werden.

In den bisherigen Darlegungen ist diese Frage bejaht worden. Den Rahmen dafür bilden die hier nicht zu behandelnden Untersuchungen meines Buches »Anthropologie in theologischer Perspektive«, 1983, welches auf breiter Basis die These begründet hat, daß zum Menschsein des Menschen untrennbar auch die Thematik der Religion gehört. Das gilt bereits für das Verständnis der biologischen Besonderheit des Menschen als »weltoffenes« Wesen, aber auch für die Frage nach den Konstitutionsbedingungen menschlicher Personalität und der menschlichen Kulturbildung, sowie innerhalb der letzteren für die Frage nach den kulturellen Grundlagen des Rechts. Speziell für die ethische Thematik darf die Frage nach dem für den Menschen Guten als anthropologischer Ausgangspunkt gelten, wie das im Anschluß an die von Sokrates und Platon ausgegangene Tradition ethischer Argumentation entwickelt worden ist. Daß das Leben der Menschen von der Frage nach dem für sie Guten immer schon bewegt wird, setzt voraus, daß ihr Leben nie schon zu endgültiger Einheit mit sich selber gekommen ist. Zumindest muß das Erreichte in einer offenen Zukunft bewahrt werden. Damit ist aber gewöhnlich der Ausgriff auf Neues, noch nicht Realisiertes, verbunden. Der Offenheit der Zukunft korrespondiert die Situation des Menschen als bedürftiges Wesen, und diese Bedürftigkeit äußert sich in einer Unruhe, die auf eine noch ausstehende Erfüllung bezogen ist, auch wenn den Menschen der Gegenstand der in solcher Unruhe sich meldenden Bedürftigkeit nicht immer deutlich ist. Diese Bedürftigkeit geht weit über die sogenannten Grundbedürfnisse eines menschenwürdigen Daseins hinaus und sucht sich immer neue Inhalte. Aber alle derartigen Inhalte oder Güter können die Bedürftigkeit nicht umfassend und endgültig befriedigen, bis auf Gott, in dem allein die Unruhe unseres Herzens ans Ziel der endgültigen Ruhe und Geborgenheit gelangen kann. Auch wenn das Leben mit seinen mancherlei Bedürfnissen dann noch weiter geht, ist das Grundbedürfnis des Menschen in der Gemeinschaft mit Gott schon erfüllt, und von

Gott als dem Schöpfer unseres Lebens wird nun die Befriedigung der alltäglichen Bedürfnisse erwartet und erbeten.

Von der Gottesbeziehung her verändert sich das Selbstverständnis menschlichen Lebens. Es wird uns nun zum *gegebenen* Leben, – nicht nur in dem Sinne, daß wir unser Leben irgendwann einmal von unseren Eltern empfangen haben, sondern so, daß wir es täglich neu empfangen, mit allem, was zu seiner Erfüllung beiträgt. Eine solche Einschätzung unseres Lebens, die der Dankbarkeit nahe verwandt ist und zu ihr anleitet, versteht sich nicht von selbst. Sie ergibt sich nur da, wo Menschen ihr Leben mit allen seinen Inhalten immer wieder als etwas nicht Selbstverständliches empfangen. Das wird da ausdrücklich thematisch, wo das Leben als in jedem Augenblick von Gott empfangen zu Bewußtsein kommt.

Die Bezugnahme auf das »Gegebensein des Lebens« als »Grundsituation« der Ethik und erstes »Grundelement« der ethischen Lebenswirklichkeit kennzeichnet die Grundlegung der Ethik bei Trutz Rendtorff.[183] Rendtorff beruft sich dafür auf Dietrich Bonhoeffers Wort: »Die Frage nach dem Guten findet uns immer in einer bereits nicht mehr rückgängig zu machenden Situation vor: wir leben«.[184] Das bedeutet nach Bonhoeffer, daß nicht »wir erst das Leben schön und gut zu schaffen« haben, sondern die Frage nach dem Guten sich vielmehr »unter der Voraussetzung des gegebenen Lebens« stellt. Dazu ist aber zu sagen, daß diese Situation durchaus vieldeutig ist. Sie braucht keineswegs immer als Wohltat zu erscheinen, sondern kann sich sehr wohl auch so darstellen, als ob das Leben erst durch menschliches Handeln erträglich gemacht werden kann. Daß Menschen nicht nur einmal, am Anfang ihres Lebensweges, ihr Leben empfangen haben, sondern es fortgesetzt weiter empfangen, das ergibt sich zwar aus dem christlichen Schöpfungsglauben, geht aber aus der Tatsache, daß wir leben, für sich allein nicht eindeutig hervor, ebensowenig wie die »elementare Verbindlichkeit«, die nach Rendtorff der »Appellstruktur des empfangenen Lebens« eignet. Vom Schöpfungsgedanken her haben solche Aussagen sicherlich ihre Plausibilität. Rendtorff spricht denn auch im Zusammenhang der zitierten Aussagen von einer »Orientierung der Begründung der Ethik am Schöpfungsgedanken«.[185] Handelt es sich dabei nun um eine theologische oder um eine vortheologische Begründung der Ethik? Wenn theologisch, dann setzt sie mit dem Schöpfungsgedanken den Gottesgedanken voraus. Doch an früherer Stelle scheint Rendtorff Ethik ganz unabhängig von der Gotteslehre begründen zu wollen: »Ethik kann nicht auf der Ebene der Gotteslehre ansetzen, sondern hat ihren Ort auf der Ebene der theologischen Anthropologie«.[186] Daß eine *theologische* Anthropologie als der Boden der ethischen Argumentation bezeichnet wird, läßt erkennen, daß dabei nicht an eine Ausblendung des Gottesgedankens gedacht ist; denn dieser ist in einer theologischen Anthropologie immer schon vorausgesetzt. Nur ist es eben etwas anderes, ob die Ethik wie bei Karl Barth schon unmittelbar auf der Basis der Gotteslehre entwickelt wird oder erst im Zusammenhang mit der von Gott geschaffenen Wirklichkeit des Menschen und also im Zusammenhang mit der Frage nach der Natur des Menschen, so sehr diese dabei ihrerseits als von Gott her begründet zu verstehen ist. Dieser letztere Umstand macht allerdings erst das Spezifische einer theologischen Anthropologie im Unterschied zu einer solchen aus, die nach der Natur des Menschen unter Ausblendung einer für sie konstitutiven Gottesbeziehung fragt. An dieser Stelle enthält die Argumentation Rendtorffs Probleme, die nicht völlig geklärt zu sein scheinen. Wiewohl nämlich ethische Argumentation sich auf dem Boden der Anthropologie bewegen muß, ist doch in einer theologischen Anthropologie eine Gotteslehre immer schon vorausgesetzt, wenigstens in allgemeinen Zügen. Läuft das nicht unvermeidlich auf das Modell »einer der Dogmatik subordinierten Ethik« hinaus, das Rendtorff für sein eigenes Verfahren ablehnt?[187] Anders stünde es nur dann, wenn nicht eine theologische, sondern eine allgemeine Anthropologie Grundlage der ethischen Argumentation wäre. Doch in diesem letzteren Fall wären schon die weitreichenden Folgerungen Rendtorffs aus dem Empfangenhaben des Lebens nicht mehr plausibel. Entsprechendes gilt in noch höherem Maße für die Aussagen zu dem zweiten von Rendtorff benannten »Grundelement« der Ethik, das er als die Aufgabe bezeichnet, »Leben zu geben«.[188] Damit wird, wie es an derselben Stelle heißt, »die Aktivität des tätigen Lebens« charakterisiert: »Das eigene Leben bestimmt und bewirkt in seinem tätigen Vollzug immer auch Leben für andere«. Daß sich daraus die Forderung ergibt, »ein *Leben für andere* zu führen«, werden Christen sicherlich bejahen, aber das setzt bereits die christliche Glaubensperspektive und insbesondere die im vorigen Abschnitt erörterte Begründung des christlichen Liebesgedankens nach dem Vorbild der Liebe Gottes als Schöpfer und Vollender der Welt voraus.[189] Von daher gesehen ist der »ethische Grundkonflikt« zwischen einer nur auf »unmittelbare Selbstverwirklichung« gerichteten Lebensführung und dem »Grundgebot« eines Lebens für andere von Rendtorff zweifellos einleuchtend und treffend beschrieben. Doch wieder ist das Ausmaß dogmatischer Voraussetzungen in solchen Aussagen nicht deutlich erkennbar.

Damit stellt sich zuletzt die Frage, wie sich der Einsatz der ethischen Darstellung Rendtorffs beim Gegebensein des Lebens und der Fortgang seiner Darstellung zur »Aufgabe, Leben zu geben«, eigentlich verhält zu den am Schluß des Bandes stehenden Ausführungen über das »Kommen des Reiches Gottes als theologisches Ziel christlicher Ethik«,[190] also über das Verhältnis von Eschatologie und Ethik. Im Sinne Rendtorffs scheint es sich dabei um eine besondere, nämlich die christlich-theologische Version einer nachträglichen »theoretischen Rechtfertigung der Ethik«[191] zu handeln, also um eine Aufgabe metaethischer Reflexion,[192] der aber nicht nur das gelebte Leben selbst, sondern auch die Ethik dieses Lebens schon vorgegeben wäre. Wird bei solcher Sicht der Dinge nicht das Gewicht der theologischen Implikationen und Voraussetzungen in den vorangehenden Ausführungen über das Empfangen und Geben des Lebens unterschätzt? Die dort vorgetragene Argumentation ist nicht unabhängig von der theologischen Perspektive, die am Schluß wie eine nachträgliche Reflexion eingeführt wird. Besonders die Ausführungen Rendtorffs über das dritte »Grundelement« der Ethik, die »Reflexivität des Lebens«[193] stehen in enger Beziehung zu dem, was am Schluß des Bandes über das Verhältnis von Eschatologie und Ethik gesagt wird: Ist dort von einer kritisch-distanzierenden Funktion der Eschatologie für die Ethik die Rede, indem die Zukunft Gottes »jeden Zustand der Welt und des darauf bezogenen Handelns in die Perspektive der Vorläufigkeit« rückt,[194] so heißt es von der Reflexivität des Lebens, daß sie »ein Vorgang der Distanznahme« sei, die den Menschen »seiner Endlichkeit bewußt werden läßt«.[195] Weniger deutlich tritt die Beziehung der Ausführungen über die »orientierende und ermutigende Funktion der Eschatologie für die Ethik«[196] zu den Ausführungen über das Empfangen und Geben des Lebens hervor. Rendtorff hätte auch hier eine Beziehung herstellen können, wenn er in seinen Aussagen über das *»Leben für andere«* als Liebe[197] den Begründungszusammenhang des Liebesgebotes in der eschatologischen Botschaft Jesu für die ethische Argumentation fruchtbar gemacht hätte, wie das oben versucht worden ist. Dann hätte es sich allerdings nahegelegt, nun doch einen von der Eschatologie Jesu ausgehenden Begründungsgang ethischer Argumentation zu entwickeln und die Ausführungen über das Verhältnis von Eschatologie und Ethik nicht nur als nachträgliche Reflexion an die Darlegung der Grundelemente der Ethik anzuhängen. Auch so bliebe die berechtigte Forderung Rendtorffs gewahrt, der Eschatologie nicht »unmittelbar normative Bedeutung« für die Ethik zu geben in dem Sinne, als ob das Reich Gottes durch ethisches Handeln im Sinne »einer Art christlicher Gegenpraxis gegen die bestehende Welt« realisiert werden wollte.[198] Schon die Gesetzesauslegung Jesu entzog sich einer solchen Programmatik, indem sie vom Gegenwärtigwerden der Zukunft Gottes in Jesu Auftreten her das an den einzelnen gerichtete Liebesgebot begründete. Die Spannung des aus dem Glauben hervorgehenden Handelns zu der nur von Gott selbst zu erwartenden Vollendung seines kommenden Reiches blieb damit bestehen. In derselben Weise ist sie auch in einer christlich-theologischen Ethik zu wahren. Dennoch ist schon bei Jesus selbst ein Begründungszusammenhang erkennbar, der von seiner Eschatologie zu seiner Gesetzesinterpretation verläuft, und dieser Begründungszusammenhang kann durchaus Kern des Begründungsganges einer christlich-theologischen Ethik sein. Dabei wird das Gegebensein des Lebens im Sinne des in der Verkündigung Jesu vorliegenden Zusammenhangs von Eschatologie und Schöpfungsglauben zur Sprache kommen, nämlich als Ausgangspunkt für die Zuwendung zum Mitmenschen im Sinne eines Wohlwollens, das dann mit Rendtorff als ein Weitergeben empfangenen Lebens und so als Teilnahme an der Bewegung der Liebe Gottes zu seiner Schöpfung beschrieben werden kann. Die oben erwähnten Begründungsdefizite in den Ausführungen Rendtorffs zum Empfangen und Geben des Lebens würden aber auf diese Weise verschwinden.

Die Darstellungsform Trutz Rendtorffs nimmt nun allerdings ein Interesse wahr, das keine theologische Ethik vernachlässigen darf und das auch in dem hier vorgetragenen Begründungsgang zur Grundlegung der Ethik gewahrt wird, wenn auch auf andere Weise. Das ist das Interesse daran, die Aussagen der Ethik nicht von einem vorgegebenen Glaubensstandpunkt her, sondern im Kontext der allgemein zugänglichen Problematik menschlicher Lebensführung zu entwickeln. Das ist in der Tat das besondere Thema der Ethik im Unterschied zur Dogmatik. Die hier vorgetragene Argumentation war sogar bemüht, die ethische Fragestellung zunächst in der kritischen Auseinandersetzung mit den verschiedenen Ansätzen philosophischer Ethik zu entwickeln und erst von da aus – auf der Linie der sokratisch-platonischen Frage nach dem Guten – den Schritt zum Gottesgedanken und zu dem Gedanken eines künftigen Reiches Gottes als dem leitenden Gesichtspunkt der weiteren ethischen Argumentation zu begründen. Die anthropologische Basis der ethischen Argumentation muß zunächst für sich in den Blick kommen, ohne schon von den dogmatischen Voraussetzungen des Gottesgedankens her in einer ganz bestimmten Weise gedeutet zu sein. Das ist der Kern des Anliegens von Trutz Rendtorff, die Ethik nicht von der Gotteslehre her zu begründen. Die Beziehung der ethischen Thematik auf den Gottesgedanken muß selber im Gange der ethischen Argumentation erst gewonnen und geklärt werden. Nur so kann für eine spezifisch theologische Argumentation in der Ethik dann auch ein begründeter Anspruch auf Allgemeingültigkeit erhoben werden. Die Ebene der ethischen Argumentation muß also in der Tat zunächst in der Anthropologie gefunden werden, und zwar in einer vortheologischen Anthropologie. Auf dieser Ebene ist die Bedeutung des Gottesgedankens für die Ethik zu begründen. Das geschieht unter dem Begriff des Guten, das anthropologisch ganz allgemein immer schon Gegenstand des menschlichen Verlangens nach Lebenserfüllung ist. Erst die These, daß das wahrhaft Gute für den Menschen Gott bzw. die Gemeinschaft mit ihm ist und nicht – wie in der moralistischen Einengung des Begriffs des Guten bei Kant – »ein guter Wille«,[199] erst diese These und ihre Erhärtung führt hinüber zur theologischen Begründung der Ethik. Auch eine theologische Begründung der Ethik aber wird auf die Argumentationsebene der Anthropologie bezogen bleiben und sich auf dieser Argumentationsebene bewegen müssen, wie das in der Ethik von Trutz Rendtorff geschieht. Sie wird das in theologischer Perspektive tun, nämlich in der Perspektive der Gottesherrschaft als der Zukunft des Menschen. Theologische Ethik wird aber diese eschatologische Perspektive auf die Schöpfungswirklichkeit des Menschen beziehen, wie das paradigmatisch schon in der Botschaft Jesu der Fall war. Die eschatologische Zukunft hat ja die Vollendung der Schöpfung zum Inhalt. Insofern geht es in der theologischen Ethik tatsächlich um die Annahme des Lebens als Gabe, wie das bei Trutz Rendtorff beschrieben wird, und um das Weitergeben des Lebens. Denn die Schöpfung des Menschen findet ihre Vollendung in der Gemeinschaft mit Gott, also in der Teilnahme an der Bewegung der Liebe Gottes zur Welt und folglich in der Zuwendung des Wohlwollens zu anderen. Im Wohlwollen öffnet sich der Mensch für andere, wird er hinausgehoben über sein egoistisches Selbstinteresse. Darin wird die Bestimmung des Menschen zur Gemeinschaft mit anderen durch Teilnahme an der göttlichen Liebe realisiert, wenn auch nur in vorläufiger Gestalt, weil die Vollendung der Heilsgeschichte der göttlichen Liebe in der Verwandlung dieser Welt durch die Zukunft des Reiches Gottes noch aussteht.

Überall da, wo Wohlwollen das Verhalten von Menschen bestimmt, findet sich ein Abglanz der göttlichen Liebe und – damit verbunden – der Menschlichkeit und Mitmenschlichkeit, zu deren Verwirklichung der Mensch geschaffen ist, indem er in Adam zum Ebenbild Gottes geschaffen ist, das in der Person Jesu Christi realisiert ist.[200] Im Ereignis reinen Wohlwollens in der Hinwendung zu andern liegt daher auch immer schon eine Erhebung des Menschen über seine Ichzentriertheit und Ichbefangenheit, also über die Sünde.[201] Solches Erhobenwerden findet sich nicht etwa nur bei Christen. Es ist nicht so, daß Züge wahrhafter Menschlichkeit nicht auch außerhalb der Kirche vorkämen. Aber erst durch Glauben und Taufe werden Menschen *definitiv* über sich selbst, über ihre Ichbefangenheit hinausgehoben, und zwar auch dann, wenn sie in ihrem tatsächlichen Verhalten noch hin und wieder rückfällig werden durch die Verstrickung in das alte Leben der Sünde. Die durch Taufe und Glaube begründete neue Identität rückt das Verhalten der Menschen in eine andere Perspektive und läßt das, was sich an Ichverfangenheit an ihnen noch findet, als Restbestand eines grundsätzlich überwundenen Zustandes erscheinen. Die neue Identität des Seins in Christus *(extra nos)* ist aber auch die Basis zur Teilhabe an der Liebe Gottes, die in Christus offenbar ist. Wo Christen aus ihrer neuen Identität in Christus leben, führen sie ihr Leben als aus der eigenen Ichverfangenheit Befreite, befreit zum Wohlwollen gegen andere. Christliches Leben ist also nichts anderes als ein wahrhaft natürliches Leben, – wenn wir darunter die Verwirklichung der Bestimmung des Menschen zu ungezwungener, freier Menschlichkeit verstehen. Das und nichts anderes ist denn auch der Gegenstand christlicher Ethik: Einweisung in die Humanität. Dazu gehört auch, was Trutz Rendtorff als drittes Grundelement der Ethik erörtert hat unter dem Titel: die Reflexivität des Lebens.[202] Dabei geht es um die Erfahrung und Annahme der Endlichkeit des gegebenen Lebens, eine Erfahrung, die nicht im Gegensatz stehen muß zur dankbaren Wahrnehmung der Fülle dieses Lebens. Eben darum, weil beides zusammengehört, kann die Endlichkeit unseres Lebens bewußt von uns angenommen werden, so daß wir uns in der Dankbarkeit für dieses Leben sowohl von Gott als auch von anderen unterschieden, aber auch zugleich mit Gott und allen andern verbunden wissen. In solcher Selbstunterscheidung sind wir unserer eigenen Endlichkeit eingedenk und gönnen den andern, was ihnen als Fülle ihres Lebens gegeben ist, trotz aller Entstellung ihres und unseres Lebens durch Sünde und Leid. In der Dankbarkeit für das eigene Leben zugleich seiner Endlichkeit eingedenk zu sein und so den anderen zu gönnen, was den besonderen Reichtum ihres Lebens ausmacht, das ist – zumindest auf die Dauer – Bedingung des Wohlwollens im Verhältnis zu andern. Das Wohlwollen erschöpft sich ja nicht in mitleidiger Hinwendung zu andern, denen es schlechter geht als uns. Wohlwollen muß auch das Verhältnis zu Gleichgestellten und Bessergestellten bestimmen, – und da wird entscheidend, daß Wohlwollen den Neid ausschließt und den andern gönnt, was das Ihre ist. Damit ist durchaus auch ein kritisches Verhältnis zu andern vereinbar, aber es wird sich dann um eine Form von Kritik handeln, die nicht von Mißgunst und Neid bestimmt ist, sondern sich auf das Zurückbleiben der andern hinter ihrem besseren Selbst richtet, so daß eine solche Kritik selber noch einmal im Geiste des Wohlwollens geübt wird.

4. Liebe und Recht[203]

Bisher war vom Wohlwollen als Phänomen individuellen Verhaltens die Rede. Dabei war zwar immer auch schon die Sozialbeziehung menschlichen Verhaltens im Blick: Wohlwollen richtet sich immer auf andere und zwar in erster Linie auf andere Menschen, obwohl man unter Umständen auch von Wohlwollen in bezug auf andere Lebewesen sprechen kann.[204] Dieses Wohlwollen beruht aber nicht notwendigerweise auf Gegenseitigkeit, wie das bei der Freundschaft der Fall ist. Gerade mit der Einseitigkeit der Zuwendung ist ihre Spontaneität verbunden. Daher hat schon Aristoteles das Wohlwollen von der Freundschaft unterschieden, die er als gegenseitiges Wohlwollen definierte (Eth. Nic. 1055b 33f.). Allerdings ist im Gedanken der Freundschaft die Spontaneität der Zuwendung unbeschadet ihrer Gegenseitigkeit bewahrt. Das versteht sich nicht von selbst, weil Freundschaft ein auf *Dauer* gestelltes Verhältnis ist, während Spontaneität dem Augenblick angehört. In einer Freundschaftsbeziehung muß sich die Spontaneität immer wieder erneuern. Das ist nicht immer der Fall.

Freundschaft kann erkalten. Sie kann aber auch wieder neu belebt werden. In jeder Geschichte einer Freundschaft wird es wechselnde Phasen dieser Art geben, weil die Spontaneität der Übereinstimmung in gegenseitigem Wohlwollen eben Sache herausragender Augenblikke ist, obwohl die Grundstimmung der freundschaftlichen Gesinnung und das Bewußtsein freundschaftlicher Verbundenheit dauerhaft sein mag. Man kann sich auch unter Freunden einmal übereinander ärgern. Aber die Dauer der freundschaftlichen Beziehung ist doch darauf angewiesen, daß sich die Spontaneität des Wohlwollens immer wieder einstellt und zwar von beiden Seiten her.

Die Wechselseitigkeit des Wohlwollens und die Begründung einer dauerhaften Beziehung lassen sich nicht voneinander trennen. Ohne Gegenseitigkeit entstehen keine dauerhaften Beziehungen zwischen Menschen. Allerdings haben nicht alle gegenseitigen Beziehungen auch schon den Charakter der Freundschaft. Das Moment der Dauer ist auch nicht ausschließlich in dem Motiv der Liebe oder des Wohlwollens begründet. Es ist in vielen Fällen durch die äußeren Lebensverhältnisse veranlaßt und äußert sich als in ihnen begründete Notwendigkeit für bestimmte Individuen, miteinander auszukommen – in der Familie, im Berufsleben, in Verhältnissen der Nachbarschaft. Solches Miteinanderauskommen ist nicht immer leicht, doch gerade deshalb bedarf es auch hier des Wohlwollens, und zwar eines gegenseitigen Wohlwollens. Ohne gegenseitiges Wohlwollen wird das Zusammenleben unter Nachbarn, unter Kollegen und sogar in der Familie schnell unerträglich. Dennoch handelt es sich bei allen diesen Beziehungen nicht um Freundschaftsbeziehungen. Zur Freundschaft bedarf es außer des gegenseitigen Wohlwollens auch eines Wohlgefallens aneinander, und zwar eines freien Wohlgefallens, das nicht in den natürlichen oder gesellschaftlichen Verhältnissen begründet ist, die Menschen aufeinander angewiesen sein lassen. Aristoteles' Begriff der Freundschaft ist an dieser Stelle unvollständig. Auch alle anderen dauernden Beziehungen zwischen Menschen sind auf gegenseitiges Wohlwollen angewiesen. Umgekehrt tendieren Liebe und Wohlwollen auch von sich aus auf Dauer, und zwar in spezifischer Weise, insofern sie sich nämlich der *Person* des andern zuwenden. Die Person aber existiert als dauernde in der Form zeitüberbrückender Identität. Die Bejahung der Person des andern, die im Akt der Liebe und des Wohlwollens liegt, hat darum im Ansatz eine Tendenz auf Dauer – auch wenn diese Tendenz im Wechsel der Zeit und des Ortes nicht immer zur Entstehung einer festen Beziehung führt. Letzteres ist jedoch der Fall bei der Freundschaft. Freundschaft ist also eine in gegenseitiger Zuneigung begründete, dauerhafte Beziehung zwischen Personen.

Nun ist Freundschaft eine sehr besondere Form persönlicher Beziehung. Dennoch hat sie nach Aristoteles allgemeine Relevanz für das Zusammenleben der Menschen überhaupt. Auch andere Formen menschlichen Zusammenlebens müssen nämlich dauerhaft sein und sind dabei auf gegenseitiges Wohlwollen der Beteiligten angewiesen. Solche durch Gegenseitigkeit begründete Formen menschlichen Zusammenlebens beruhen aber nicht, wie die Freundschaft, auf freier gegenseitiger Zuneigung und gegenseitigem Wohlgefallen. Sie mögen vielmehr dem einzelnen naturwüchsig oder geschichtlich vorgegeben sein, wie der Familienzusammenhang und der Staatsverband mit seinen Institutionen, in denen die Individuen tätig werden, oder sie haben den Charakter von Vertragsverhältnissen. In solchen Verhältnissen hat sich der einzelne mit den andern zu arrangieren, ob nun mit oder ohne persönliche Zuneigung. Doch auch in solchen Verhältnissen ist Wohlwollen erforderlich, jedenfalls in dem begrenzten Maße, das der Anerkennung des andern in seiner jeweiligen Funktion und Rolle entspricht. Anerkennung des andern ist nicht ohne ein mehr oder weniger begrenztes Maß an Wohlwollen und Vertrauen möglich, und solche wechselseitige Anerkennung ist notwendig in allen Rechtsverhältnissen, wo Menschen mit andern als Träger bestimmter Rollen umgehen. »Anerkennung als ein Geltenlassen des andern in seiner Rolle und in seinem Status und darin zugleich als Mensch überhaupt liegt der Anerkennung von solche Beziehungen regelnden Rechtsnormen immer schon zugrunde«,[205] und solche Anerkennung »erstreckt sich auch auf die Verhältnisse von Personen und Sachen«[206] also insbesondere auf das Eigentum des anderen. Solche Rechtsverhältnisse sind anders geartet als Freundschaftsbeziehungen. Auch diese letzteren beruhen auf gegenseitiger Anerkennung, aber die Anerkennung erstreckt sich auf die Person des andern nicht nur in seiner jeweiligen Rolle, sondern als Person schlechthin. Dementsprechend sind auch das Wohlwollen und das Vertrauen, die dem Freund entgegengebracht werden, umfassender, als das zwischen Käufer und Verkäufer oder zwischen Mieter und Vermieter, zwischen Arzt und Patient oder zwischen Lehrer und Schüler und zwischen Arbeitskollegen der Fall ist. Dennoch beziehen sich auch in solchen rechtlich geordneten Verhältnissen Wohlwollen und

Vertrauen immer über die jeweilige Rolle hinaus auf die Person des andern, so daß aus Verhältnissen der Kooperation immer auch mehr oder weniger freundschaftlich vertiefte Beziehungen entstehen können. Ohne gegenseitiges Wohlwollen jedenfalls kann auch in rechtlich geordneten Verhältnissen keine menschlich ersprießliche Kooperation sich entwickeln. Erst durch das Element des Wohlwollens wird das Zusammenleben und Zusammenwirken belebt.

Man hat Recht und Liebe oft als Gegensatz hingestellt, obwohl beide es mit der Gemeinschaft zwischen Menschen zu tun haben. Der Äußerlichkeit der Rechtsnorm, die auch mit dem Element des Zwanges verbunden sein kann, wurde dann die Innerlichkeit der Liebe und ihre freie Spontaneität entgegengesetzt. Das in solchen Entgegensetzungen enthaltene Wahrheitsmoment ist hier durch die Unterscheidung zwischen freundschaftlichen Beziehungen und Rechtsbeziehungen aufgenommen worden. Aber die Unterscheidung darf nicht verdecken, daß auch das Zusammenleben in der Rechtsgemeinschaft des gegenseitigen Wohlwollens zwischen den Menschen bedarf, wenn eine solche Gemeinschaft Bestand haben soll. Und umgekehrt ist es der Liebe nicht fremd, der wechselseitigen Gemeinschaft mit dem Freund eine feste, dauerhafte Form zu geben. Eine dauerhafte Form des Zusammenlebens von Menschen aber hat immer Rechtscharakter. Sie schließt Anerkennung des andern, Verläßlichkeit und Verantwortlichkeit ein. Insofern begründet Liebe Recht, wie sie auch anderweitig begründete Rechtsverhältnisse zu beleben vermag.

5. Die Liebe Gottes und die Begründung menschlicher Gemeinschaft

Jesu Verkündigung der Liebe Gottes richtete sich zunächst an einzelne Menschen und war darin begründet, daß ihnen durch Jesus die vom jüdischen Volk erhoffte Heilszukunft der Gottesherrschaft schon Gegenwart wurde und daß ihnen ineins damit auch das Wirken Gottes als Schöpfer zum Ausdruck seiner Liebe wurde. Dabei war jedoch immer vorausgesetzt, daß die Liebe Gottes sich auf das von ihm erwählte Volk richtet. Jesus wußte sich mit seiner Verkündigung an die Menschen des Gottesvolkes gesandt. Über die einzelnen Hörer seiner Botschaft hinaus ist das Gottesvolk Gegenstand der in der Sendung Jesu offenbaren Liebe Gottes, und das entspricht der Begründung der Existenz des Gottesvolkes durch die erwählende Liebe Gottes zu den Vätern (Dtn 4,37) und zu ihren Nachkommen (Dtn 7,8). Die Offenbarung der Liebe Gottes durch die Sendung Jesu Christi bekräftigt Gottes erwählende Liebe zu seinem Volk. Dabei war schon seit Abraham auch die übrige Menschheit im Blick des erwählenden Gotteshandelns, und diese universale Relevanz des Heilshandelns Gottes an Israel wurde durch die Heidenmission der Kirche in neuer Weise aufgenommen und weitergeführt. Doch dieser universale Horizont des Heilshandelns Gottes darf nicht vergessen lassen, daß sich die Liebe Gottes über den einzelnen hinaus zunächst auf das Volk seiner Erwählung richtet, und darin ist begründet, daß die Teilnahme an der Liebe Gottes zur Welt sich für den einzelnen in erster Linie durch Einordnung in die Gemeinschaft des Gottesvolkes bzw. – neutestamentlich – der Kirche vollzieht. Durch die Gemeinschaft der Glaubenden untereinander soll die Welt zur Erkenntnis Gottes gelangen (Joh 17,23).

Von daher versteht sich das Verhältnis der beiden Tafeln des Dekaloges: Im Glauben an Gott und im Bekenntnis zu ihm ist die Gemeinschaft der Glaubenden, die Gemeinschaft des Gottesvolkes begründet. Die gemeinsame Gottesverehrung ist fundamental für die Gemeinschaft des Volkes. Aus der Beziehung zu Gott folgt aber die Verpflichtung jedes einzelnen Gliedes zur Gemeinschaft mit den übrigen Gliedern des Gottesvolkes. Darauf beruhen die Gebote der zweiten Tafel des Dekalogs. Es wurde bereits an früherer Stelle (Kap. III, 2) gezeigt, daß die Gebote der zweiten Tafel des Dekaloges Grundbedingungen des gesellschaftlichen Zusammenlebens der Menschen in der Gemeinschaft des Gottesvolkes formulieren. Eine entsprechende Funktion hatte die apostolische Paraklese im Urchristentum,[207] nur mit dem Unterschied, daß sich die apostolischen Mahnungen an das freie Urteil der Glaubenden richten und sie anleiten, selber die Folgerungen aus ihrem Sein in Christus zu ziehen für ihr Verhalten zueinander. Immerhin bedurfte es dazu schon im Urchristentum einer gewissen Nachhilfe, wie die Tatsache zeigt, daß es überhaupt Anlaß zu einer apostolischen Paraklese gab.

Die Gebote Gottes haben also ihren Grund in seiner erwählenden Liebe, die auf die Existenz eines von ihm erwählten Volkes gerichtet ist, und die Befolgung dieser Gebote – insbesondere der Gebote der zweiten Tafel – hat den Sinn einer Teilnahme an dieser auf das Volk gerichteten Liebe Gottes. Das gilt schon für das Alte Testament. Deshalb entspricht die Zusammenfassung des Gesetzes in dem Doppelgebot der Liebe zu Gott und zum Nächsten seinem Ursprung in der Liebe Gottes zu seinem erwählten Volk. Darum entspricht auch die Gesetzesauslegung Jesu von der in seiner eigenen eschatologischen Sendung offenbaren Liebe Gottes her und im Sinne der darin begründeten Nächstenliebe dem eigentlichen und ursprünglichen Sinn des alttestamentlichen Gottesrechts. Umgekehrt ist diese Gesetzesauslegung Jesu ihrerseits nicht abstrakt individualistisch aufzufassen, sondern auf das Leben des einzelnen in der Gemeinschaft des Gottesvolkes zu beziehen, also in der nachösterlichen Situation auf das Leben der in Jesu Mahlgemeinschaft begründeten Gemeinschaft des neuen Bundes, die nun nicht mehr auf das alte Gottesvolk beschränkt bleiben, sondern Menschen aus allen Völkern in sich vereinen sollte.

Immer aber besteht die Basis dieser Gemeinschaft in der gemeinsamen Gottesverehrung, im gemeinsamen Glauben an den einen Herrn. Die Verbundenheit eines jeden mit Gott und durch Jesus Christus mit dem Vater ist die Voraussetzung und Grundlage der Gemeinschaft der Glaubenden untereinander. So wird auch im Gottesreich der Zukunft die Gegenwart Gottes bei den Menschen Grund ihrer Gemeinschaft untereinander sein. Ebenso erwartete schon die prophetische Verheißung bei Jesaja 2 und Micha 4 die zukünftige Gottesherrschaft, die Frieden und Gerechtigkeit in der Völkerwelt realisieren wird, als Ergebnis der Völkerwallfahrt zum Zion, wo sich die Völker vom Gott Israels über das Recht belehren und von ihm ihre Rechtsstreitigkeiten schlichten lassen werden.

An dieser Stelle muß sich nun unabweisbar die Frage erheben, wie sich die auf dem gemeinsamen Glauben an Gott und an Jesus Christus begründete christliche Ethik verhält zu einer Ethik, die sich nicht auf diese Grundlage stützen kann. In biblischer Perspektive kann die Basis des gemeinsamen Gottesglaubens keineswegs als zur Not auch entbehrlich für die Verbindlichkeit der Weisungen betrachtet werden, die sich auf das zwischenmenschliche Verhalten beziehen. Im Gegenteil: diese Weisungen haben die Grundlage ihrer Verbindlichkeit im Glauben an Gott, in seiner erwählenden Liebe. Auch die Liebe der Menschen zu Gott, die der göttlichen Liebe antwortet, also die Erfüllung der Gebote der ersten Tafel des Dekaloges, – ist keineswegs von untergeordneter Bedeutung gegenüber den Geboten der Mitmenschlichkeit. Vielmehr haben in der biblischen Überlieferung die Gebote der ersten Tafel des Dekalogs Priorität vor denen der zweiten Tafel. Auch

Jesus hat in seiner Antwort auf die Frage nach dem größten Gebot die Gottesliebe der Nächstenliebe vorangestellt, so sehr er die letztere als unmittelbare Folge aus dem Empfang der Liebe Gottes aufgefaßt hat. Damit aber scheint sich zwischen der Gemeinschaft des Gottesvolkes und der in ihr geltenden, auf den Glauben an Gott begründeten Ethik einerseits und der Völkerwelt andererseits eine tiefe Kluft aufzutun. Gilt das auch für das Verhältnis der Kirche und ihrer Glieder zur nichtchristlichen Welt, in welcher Ethik und Moral – wie immer es um sie stehen mag – jedenfalls nicht auf der Anerkennung der Gottheit des Gottes der Bibel beruhen?

5. Kapitel:
Christliche Ethik und die menschliche Allgemeinheit des Ethischen

1. Gibt es eine besondere christliche Ethik?

Es ist umstritten, ob es eine spezifisch christliche Ethik gibt und geben muß oder ob der Beitrag des christlichen Glaubens zur Ethik nur in einer besonderen Motivation zum Tun dessen besteht, was nach allgemeinmenschlichem Urteil das Gute und Richtige ist. Wenn das letztere gilt, dann muß sich die Ethik ihrem Inhalt nach allein aus der Vernunft begründen lassen, obwohl der Glaube das von der Vernunft als verbindlich Erkannte zusätzlich durch die Autorität Gottes sanktioniert sieht und damit auch ein zusätzliches Motiv zum Tun des Guten hat. Das ist nicht nur die Auffassung Kants vom Verhältnis zwischen Religion und Ethik gewesen, sondern entspricht einer in der Zeit der Aufklärung weit verbreiteten Anschauung. Bei Kant war sie mit der Einschränkung verbunden, daß das Motiv moralischen Handelns nur in der Achtung vor dem Gesetz bestehen darf, wenn auch die daraus sich ergebenden Pflichten als Gebote Gottes geglaubt werden mögen. Doch schon die Tradition reformatorischer Theologie hat die Kenntnis des göttlichen Gesetzes als unter allen Menschen verbreitet beurteilt und im Gewissen verankert (nach Röm 2,15), nicht in der positiven Offenbarung Gottes begründet. Der Glaube ermöglicht nur die Erfüllung dieses ewigen Gotteswillens, der für den Sünder unerfüllbar bleibt.[208] Der biblische Dekalog ist nach reformatorischer Anschauung seinem Inhalt nach eine geschichtlich besondere Gestalt der nach Röm 2,15 in die Herzen aller Menschen eingepflanzten Kenntnis des göttlichen Willens. Das jüdische Gesetz als besondere geschichtliche Gestalt dieses ewigen Gotteswillens konnte Luther daher als »der Juden Sachsenspiegel« bezeichnen.[209] Die Reformation stand dabei mit ihrer Lehre vom göttlichen Gesetz in der Tradition, die den Dekalog materiell mit den Forderungen des Naturrechts identifizierte. Das ist nicht weit von der Auffassung Kants entfernt, wonach das Moralgesetz durch bloße Vernunft erkennbar sei. Von da aus liegt dann die Schlußfolgerung nahe, daß sich der christliche Glaube zumindest in die Inhaltsbestimmung der ethischen Normen nicht einzumischen hat.

Im Unterschied zu Kant hat Schleiermacher neben seiner philosophischen Ethik auch eine christlich-theologische Ethik geplant und unter dem Titel einer christlichen Sittenlehre seit 1806 immer wieder in Vorlesungen behandelt.[210] Wie die philosophische Ethik bei Schleiermacher das Handeln der Vernunft auf die Natur zum Gegenstand ihrer Darstellung hat, und zwar in der Doppelgestalt des organisierenden, Naturgegebenheiten in Werkzeuge der menschlichen Tätigkeit verwandelnden Handelns, und des symbolisierenden Handelns, dem das natürlich Gegebene zur Darstellung der handelnden Vernunft selber wird, so geht es der Christlichen Sittenlehre *erstens* um das reinigende und wiederherstellende Handeln in bezug auf die christliche Gemeinde, aber auch im Außenverhältnis zum Staat, *zweitens* um das verbreitende Handeln, d.h. die Ausbreitung des Erlösungsbewußtseins, schließlich *drittens* um das darstellende Handeln im gottesdienstlichen Leben der Kirche. Die christliche Sittenlehre Schleiermachers setzt seine philosophische Ethik voraus und steht nicht etwa in Gegensatz zu ihr. Der Begriff der Religion und der religiösen Gemeinschaftsbildung hat auch in der philosophischen Ethik Schleiermachers bereits einen Ort, nämlich bei der Behandlung der verschiedenen Formen der Gemeinschaftsbildung. Daraus läßt sich jedoch *»die eigenthümlich christliche Form der Religion«* nicht ableiten.[211] Die Beschreibung der Einwirkung dieser besonderen Gestalt der Religion auf das allgemeine gesellschaftliche und kulturelle Leben bleibt daher in Schleiermachers Sicht der christlichen Sittenlehre vorbehalten. Dabei nahm Schleiermacher eine prinzipielle Kongruenz zwischen humaner und christlicher Ethik an,[212] allerdings auch eine »korrigierende Funktion« des Christentums im Verhältnis zu Kultur und Gesellschaft.[213] Die positive Beurteilung des Verhältnisses von Christentum und moderner Kultur ruhte bei Schleiermacher auf der Voraussetzung, daß er »die moderne Kultur und Humanität als durch das Christentum entbunden«, also als Ergebnis seiner Wirkungsgeschichte betrachtete. Dennoch hat eine »ahnungsschwere Sorge« Schleiermacher bewegt, »daß eine Auflösung dieses geschichtlich gegebenen Verhältnisses nicht nur eine Verarmung und Verkümmerung des Christentums, sondern auch die Zersetzung der Humanität im Gefolge haben würde«.[214]

Daraus ergibt sich, daß von Schleiermachers Ansatz her das Verhältnis von christlicher Sitte und allgemeinem Zustand von Kultur und Gesellschaft, wie es sich heute herausgebildet hat, als erheblich spannungsvoller dargestellt werden müßte.

Ernst Troeltsch hat die Doppelgestalt der Ethik Schleiermachers einer scharfen Kritik unterzogen. Dabei hat er einerseits beanstandet, daß die »Spannung von Christentum und Kultur« bei Schleiermacher zu wenig thematisiert wurde. Andererseits aber erhob Troeltsch den Vorwurf, in Schleiermachers theologischer Ethik sei der moderne »Grundgedanke, von der Ethik aus die Religion zu verstehen und in ihren allgemeinen Rahmen die christlich-religiöse Ethik einzutragen, aufgegeben« worden. Er habe die christliche Ethik vielmehr wieder der Dogmatik untergeordnet, indem er der christlichen Ethik die Aufgabe stellte, die Auswirkung des von der Dogmatik beschriebenen christlichen Glaubensbewußtseins auf das Leben der Christen innerhalb der Kirche und im Zusammenhang der allgemeinen Kultur zu untersuchen.[215]

Dieses Urteil halte ich für unberechtigt. Schleiermacher hat gerade durch seine Begründung der christlichen Sittenlehre auf das in seiner Dogmatik dargestellte Glaubensbewußtsein einen Ansatzpunkt dafür geschaffen, daß unter veränderten Verhältnissen der allgemeinen Kultur und Gesellschaft zum Christentum die christlich-theologische Ethik auch wieder in ein spannungsvolleres Verhältnis zu dieser allgemeinen Kultur und ihren sittlichen Anschauungen treten kann, und zwar nicht nur im Sinne einer Relativierung der innerweltlichen Kulturzwecke durch die Jenseitigkeit des Gottesreichs als des höchsten Gutes – wie bei Troeltsch, – sondern auch durch die Form der sittlichen Lebensführung innerhalb der Kirche und in ihrem Verhältnis zur Gesellschaft. Das ist ein Gedanke, der bei Troeltsch keine Entsprechung hat wegen seiner Begeisterung für Richard Rothes »Aufhebung der Kirche in dem christlichen Kulturstaat«.[216] Troeltsch konnte allerdings nicht voraussehen, daß mit dem Ende der Einheit von Kirche und Staat im deutschen Protestantismus 1918 auch für das reformatorische Christentum die Kirche im Unterschied zum Staat wieder an Bedeutung gewinnen würde als Lebensgestalt der Gemeinschaft der Christen, und zwar um so mehr, je mehr sich Staat und Gesellschaft von den christlichen Bindungen lösen, in denen sie ihre geschichtlichen Grundlagen haben. Aus der geschichtlichen Erfahrung des Jahrhunderts, das seit den ethischen Untersuchungen von Troeltsch vergangen ist, muß heute, an der Wende zum dritten Jahrtausend der Christenheit, Schleiermachers Grundlegung einer christlichen Ethik erheblich größeres Gewicht zugebilligt werden, als das in der Sicht von Troeltsch der Fall war.

Troeltsch hat gegen Schleiermacher mit Recht die Spannung zwischen dem christlichen Glaubensbewußtsein – mit seiner Orientierung an dem überweltlichen Gut des Gottesreiches – und den innerweltlichen Kulturgütern schärfer betont. Das veranlaßte ihn jedoch nicht zu einer Revision seiner Überzeugung, daß die Ethik – und zwar die allgemeine philosophische Ethik – Grundlage des Selbstverständnisses der Gesellschaft und auch der christlichen Glaubenslehre sein müsse. Aus heutiger Sicht sind die Voraussetzungen für eine solche Auffassung zerbrochen, und zwar sowohl im Blick auf die Theoriediskussionen der Ethik als auch im Hinblick auf den Verlust der gesellschaftlichen Integrationsfunktion moralischer Anschauungen überhaupt (N. Luhmann). Die Begründung der christlichen Ethik auf die Dogmatik – bei Schleiermacher noch im Rahmen der allgemeinen Begründung der kulturellen Ordnung auf eine philosophische Ethik gedacht – hat demgegenüber neues Gewicht gewonnen. Das herausragende Beispiel dafür ist die Behandlung der Ethik bei Karl Barth – Ethik als Bestandteil der Dogmatik, und zwar als Teil einer christozentrisch begründeten Dogmatik mit der Folge, daß die einzelnen ethischen Aussagen christologisch abgeleitet werden.

An dieser Stelle erhebt sich nun allerdings die Frage, ob eine solche Zurücknahme der Ethik auf eine christologische Begründung nicht die humane Allgemeingültigkeit des ethischen Themas verkennt. Barth würde eine solche Frage zurückgewiesen haben, weil er für die Christusoffenbarung selbst humane Allgemeingültigkeit beanspruchte. Das war theologisch auch vollauf berechtigt. Es ist jedoch das Grundproblem der Theologie Barths, daß seine christologischen Begründungen für anthropologische und auch für ethische Aussagen nur als Ausdruck eines christlichen Glaubensstandpunkts erscheinen und den Sachverhalten selbst äußerlich blieben. Das Maß an Evidenz, das Barths anthropologische und ethische Aussagen haben, besitzen sie nicht wegen der christologischen Ableitung, sondern aus anderen, bei Barth oft nicht behandelten Gründen. Der Eindruck des äußerlich Aufgesetzten hängt nicht zuletzt damit zusammen, daß Barth die faktische, kulturgeschichtlich nachweisbare Wirkungsgeschichte des Christentums im Bereich der Anthropologie und Ethik bei der christologischen Ableitung seiner Aussagen übergangen hat, statt sie zur Basis seiner Argumentation zu machen.

Hier lag die Stärke von Ernst Troeltsch, besonders in seinem Werk über »Die Soziallehren der christlichen Kirchen und Gruppen« (1912). Troeltsch hat darin den faktischen Einfluß des Christentums auf die Anschauungen über Arbeit und Besitz, Stand und Beruf, Ehe und Familie untersucht, und solche historischen Untersuchungen bilden den unentbehrlichen Ausgangspunkt für daran anschließende kritische Überlegungen, etwa zur Frage, an welchen Punkten die in der neutestamentlichen Botschaft begründeten Motive einer Neugestaltung des sozialen Lebens in der einen oder anderen Phase der Geschichte der Kirche hinter dem sachlich Erforderlichen zurückgeblieben sind. Deutlich wird das in der Alten Kirche etwa im Hinblick auf die gesellschaftliche Institution der Sklaverei oder auch in bezug auf die patriarchalische Familienverfassung, innerhalb derer aber durch das Christentum die Stellung der Frau in weit höherem Maße gestärkt worden ist, als das heute allgemein bekannt ist. Kritisch zu beleuchten sind auch Fehlentwicklungen, wie sie beispielsweise bei den Idealen einer asketischen Lebensführung aufgetreten sind. Erst spät haben sich vom christlichen Verständnis der Personalität des Menschen aus die damit verbundenen Ansätze zum Gedanken individueller Menschenrechte gegenüber jeder Form politischer Herrschaft entwickelt, und damit hängt dann auch die im 18. Jahrhundert zunehmende theologische Kritik an der Sklaverei zusammen. Die christlich-ethische Urteilsbildung zu allen diesen Fragen muß durch eine kritische Verarbeitung der sozialen Wirkungsgeschichte des Christentums vermittelt sein, um nicht entweder zu unkritischer Anpassung an die jeweils gegenwärtigen Gegebenheiten oder aber zu kraftlosen Postulaten zu gelangen, die der gesellschaftlichen Wirklichkeit der menschlichen Lebensführung äußerlich entgegentreten. Die Grundlagen für ein solches Verfahren christlich-ethischer Urteilsbildung hat Troeltsch in klassischer Weise gelegt. Die Schranke seiner Konzeption der Ethik besteht jedoch darin, daß er die prinzipielle Reichweite der modernen Begründung des gesellschaftlichen Lebens auf Anthropologie und Ethik anstelle der Dogmatik überschätzt hat. An dieser Stelle hat Barths Umkehrung des Begründungszusammenhangs zwischen Ethik und Dogmatik durch Verlagerung der Priorität auf die Dogmatik die Funktion eines Korrektivs.

Die sozialethischen Wirkungen des Christentums, die Troeltsch dargestellt hat, sind durchweg aus dem Glaubensbewußtsein der Kirche hervorgegangen und haben insofern ihre Wurzeln in der christlichen Dogmatik. Dieser Begründungszusammenhang bedarf über die Darstellung von Troeltsch hinaus der sorgfältigen Rekonstruktion, auch im Interesse der systematischen Begründung christlicher Ethik. Die Verselbständigung der Ethik gegenüber der Glaubenslehre seit dem späten 17. Jahrhundert ist zwar als Reaktion auf die konfessionellen Kriege dieses Zeitalters und auf die von diesen Kriegen hinterlassene aussichtslose Lage verständlich, hat aber das christlich begründete Ethos von den Wurzeln seiner Kraft abgeschnitten. Die Vorstellung, daß die Ethik völlig selbständig, unabhängig von der Glaubenslehre bestehen und sich allein auf die Vernunft gründen könne, hat sich als ein geschichtlich folgenschwerer Irrtum erwiesen. An diesem Punkt hat schon Schleiermacher richtiger geurteilt als Troeltsch. Die aus christlichen Wurzeln erwachsenen ethischen Anschauungen haben zwar nach der Ablösung von diesen Wurzeln noch für zwei bis drei Jahrhunderte ihre Kraft zur Prägung des gesellschaftlichen Lebens bewahrt. Aber heute ist diese Kraft erschöpft, wie die im Zeichen eines religiösen und ethischen Pluralismus sich vollziehenden Entwicklungen in den modernen Industriegesellschaften zeigen. Es bedarf daher heute für die Christenheit dringend einer Erneuerung ihrer ethischen Urteilsbildung aus der Kraft ihres Glaubensbewußtseins.

Dabei braucht der Anspruch auf humane Allgemeingültigkeit nicht aufgegeben zu werden. Einen derartigen Anspruch erhebt ja bereits die christliche Glaubensbotschaft als solche: Sie verkündigt den Gott Israels, den Vater Jesu Christi, als den Schöpfer der Welt und somit als den einen, für alle Menschen zuständigen Gott. Die alte Christenheit hat diesen Anspruch durch die Verbindung der Gottesoffenbarung der Bibel mit dem Gottesgedanken der Philosophie begründet. Ebenso hat die frühchristliche Logoslehre den Anspruch der christlichen Verkündigung, daß Jesus Christus die endgültige Offenbarung des Schöpfergottes sei, als allgemeingültig ausgewiesen. Daher konnte sie auch die Gesetzesauslegung Jesu als Ausdruck der Autorität des in ihm erschienenen göttlichen Logos selbst betrachten, und diese Auffassung fand für die frühchristlichen Theologen ihre Bestätigung durch die Entsprechung der biblischen Moralgebote und ihrer Auslegung durch Jesus zu den Forderungen des Naturrechts. Doch kann diese Argumentation für die Allgemeingültigkeit der Gesetzesauslegung Jesu und der apostolischen Lebensweisungen heute noch als plausibel gelten? Entspricht sie auch nur der heutigen exegetischen Urteilsbildung hinsichtlich der Gesetzesauslegung Jesu und ihres Zusammenhangs mit seiner eschatologischen Botschaft? Auf dieser Basis müßte die Plausibilität der Verbindung von christlichem Ethos und Naturrecht heute neu begründet werden.[217] Im Hinblick darauf ist auch die spezifisch christliche Modifikation einer nur naturrechtlich konzipierten Ethik zu begründen. In jedem Falle stellt sich mit solchen Erwägungen noch einmal die Frage nach dem Verhältnis von Ethik und Dogmatik. Dabei kann es nicht mehr um die Begründung der christlichen Glaubenslehre im Bezugsrahmen einer allgemeinen Vernunftethik gehen, sondern die Frage ist nun im Hinblick auf das Verhältnis einer spezifisch christlichen Ethik zu ihrer dogmatischen Voraussetzung zu erörtern.

2. Ethik als theologische Disziplin im Verhältnis zur Dogmatik

Wenn entgegen einer der Grundüberzeugungen der Moderne das Bewußtsein ethischer Normen und ihrer Verbindlichkeit nicht unabhängig von aller Religion aus der Vernunftnatur des Menschen begründet werden kann, sondern abhängig von Religion ist,[218] dann legt sich als Konsequenz nahe, daß innerhalb der christlichen Theologie die Ethik auf der Basis der Dogmatik zu begründen ist, wenn sie nicht sogar als Teil der Dogmatik in deren Zusammenhang integriert werden muß, wie es bei Karl Barth geschehen ist. Wenn auch die Durchführung dieses Programms bei Barth Anlaß zu Bedenken gibt, wie sie oben schon behandelt worden sind, könnte es doch sein, daß solche Bedenken nur die Argumentation Barths, aber noch nicht die Option dogmatischer Begründung der Ethik überhaupt treffen. Anlaß zu solcher Urteilsbildung kann die Tatsache geben, daß im Zusammenhang der Botschaft Jesu die Gesetzesauslegung in der Tat aus seiner eschatologischen Botschaft von Gott und der Nähe seiner Herrschaft begründet worden ist, und zwar über den Gedanken der im schon gegenwärtigen Anbrechen der Zukunft der Gottesherrschaft – und also in der Sendung Jesu selbst – offenbaren Liebe Gottes, die ihrerseits Grundlage für das Gebot der Nächstenliebe als Teilnahme an der Liebe Gottes ist.[219] Paulus hat seine apostolische Paraklese[220] sogar christologisch begründen können, nämlich durch das Vorbild Jesu Christi auf dem Wege seiner Gott gehorsamen Selbsterniedrigung: »Seid gesinnt, wie

Jesus Christus auch war ...« (Phil 2,5). Beide Begründungen sind in sich plausibel. Aber sie rechnen darüber hinaus auf eine humane Evidenz, die auf einer anderen Basis ausgewiesen werden muß, nämlich auf der Ebene der Anthropologie. Nur so kann die der Gesetzesauslegung Jesu wegen des Zusammenhangs ihres eschatologischen Ausgangspunktes mit der Bezugnahme auf den Schöpfergott eigentümliche Erwartung allgemein humaner Evidenz explizit als solche thematisch werden. Andererseits ist die Möglichkeit einer auf der anthropologischen Argumentationsebene, auf der sich alle ethische Reflexion seit der Entstehung der Ethik bei Sokrates und Platon bewegt, vorzutragenden theologischen Ethik theologisch dadurch legitimiert, daß die eschatologische Begründung des Gedankens der in der Sendung Jesu offenbaren Liebe Gottes im Rahmen der Botschaft Jesu selbst neben einer schöpfungstheologischen Begründung steht, die auf die Güte des Schöpfers als Vorbild menschlichen Verhaltens verweist (Mt 5,45). Diese schöpfungstheologische Begründung argumentiert zwar ebenso wie die eschatologische Begründung des Liebesgedankens Jesu von Gott und seinem Handeln her, aber sie eröffnet doch den Raum für eine ethische Reflexion auf der Basis der Geschöpflichkeit des Menschen:[221] Die Nachahmung der Güte des Schöpfers im Handeln seines Geschöpfs kann der Natur und Bestimmung des Geschöpfes nicht widersprechen. Sie muß sich auch auf der Ebene anthropologischer Besinnung als der Natur des Menschen angemessen erweisen lassen. Auf dieser Ebene aller ethischen Argumentation muß sich auch die Argumentation christlich-theologischer Ethik bewegen, wenn sie den schon in der Verkündigung Jesu enthaltenen Anspruch auf humane Allgemeingültigkeit explizit herausstellen will. Auf diese Weise verliert sich dann auch der Schein heteronomer Zumutung, der mit der Begründung der Nächstenliebe aus der eschatologischen Botschaft Jesu oder aus dem Vorbild Jesu selbst verbunden sein kann. Der notwendigerweise auf dem Boden einer allgemeinen Anthropologie operierenden ethischen Argumentation darf eine Begründung ethischer Aussagen von Jesus Christus her nicht unvermittelt entgegentreten. Damit der Schein einer Heteronomie vermieden wird, muß die Angemessenheit einer solchen Argumentation auf der Basis der Anthropologie selber aufgewiesen werden. Solcher Aufweis wird erbracht durch Besinnung auf den allgemeinen Zusammenhang von Ethik und Religion, wie er auf der Basis einer allgemeinen Kulturanthropologie, aber auch im Zusammenhang ethischer Argumentation selbst durch die Zusammengehörigkeit der Frage nach dem Guten mit dem Gottesgedanken aufgewiesen werden kann. So kommt gegenüber dem Verdacht einer religiösen Heteronomie der Begründungszusammenhang ethischer Autonomie selbst in der Theonomie in den Blick.[222]

Auf der Notwendigkeit, eine ethische Argumentation auf anthropologischer Basis zu entwickeln, beruht die relative Selbständigkeit, die der Ethik innerhalb der christlichen Theologie im Verhältnis zur Dogmatik zugestanden werden sollte. Die Dogmatik hat es mit Gott und seinem Handeln zu tun, freilich auch mit dessen Ergebnissen in der Schöpfung der Welt und des Menschen, mit der Tatsache der Sünde des Menschen und mit seiner Versöhnung, schließlich sogar mit der Heiligung des menschlichen Lebens: Bei diesem Thema der Heiligung des Menschen durch Einbeziehung seines Lebens und Sterbens in das Sohnesverhältnis Jesu Christi zum Vater berührt sich die Dogmatik besonders eng mit der christlichen Ethik. Doch auch bei diesem Thema geht es innerhalb der Dogmatik noch um das Handeln Gottes bzw. um die Einbeziehung des Menschen in das Handeln Gottes. Die Ethik hingegen – auch eine christliche Ethik – sollte das Handeln des Menschen für sich und als solches zum Gegenstand haben, die Problematik seiner Lebensführung und die Frage nach Orientierung für die Aufgabe der Lebensführung. Eine christlich-theologische Ethik wird dabei sicherlich schon die allgemeine Situation menschlicher Lebensführung unter spezifisch christlichen Gesichtspunkten beschreiben,[223] wenn auch mit dem Anspruch auf allgemeinmenschliche Gültigkeit ihrer Aussagen, – ein Anspruch, dessen Plausibilität wiederum an dem Urteil über die Beziehung des ethischen Themas überhaupt zum Thema der Religion hängt. Eine christlich-theologische Ethik wird außerdem aber auch speziell das Verhalten des Christen als Ausdruck seines Glaubens zum Gegenstand haben müssen, wie das oben im Anschluß an Schleiermacher gezeigt worden ist.[224] Auch die Ausführungen einer christlich-theologischen Ethik über das für den Christen als Ausdruck seines Glaubens gebotene Verhalten werden dabei immer auf die allgemeine Thematik menschlicher Lebensführung bezogen sein müssen und sind unter dem Gesichtspunkt ihrer Relevanz für diese allgemeine ethische Thematik zu entwickeln. Dabei werden sie jedoch je nach kultureller Gesamtsituation die für den Christen gebotene Lebensführung in der Weise eines stärkeren oder weniger stark ausgebildeten Kontrastes eines christlichen Lebensstils zu den in der nichtchristlichen gesellschaftlichen Umgebung vorherrschenden Formen der Lebensführung darstellen. In der gegenwärtigen Situation einer zunehmenden Entfernung der modernen säkularen Gesellschaft von ihren christlichen Wurzeln muß die Differenz eines christlichen Lebensstils von den in der gesellschaftlichen Umwelt vorherrschenden Zielen der Lebensführung stärker betont werden als in Zeiten, in denen die Gesellschaft insgesamt sich christlichen Normen verpflichtet weiß.

Das Schlußkapitel soll, da es sich hier ja nur um eine Grundlegung der theologischen Ethik handelt, lediglich einige exemplarische Gesichtspunkte für eine solche Ausarbeitung des Profils eines spezifisch christlichen Lebensstils im Kontext der heutigen säkularisierten Gesellschaft entwickeln. Zuvor bedarf es jedoch noch einer Besinnung auf die spezifisch christlichen Modifikationen der anthropologischen Grundlagen ethischer Argumentation. In der Notwendigkeit solcher Modifikationen und darin, wie sie in der Geschichte des christlichen Denkens tatsächlich erfolgt sind, konkretisieren sich die dogmatischen Voraussetzungen christlicher Ethik im Hinblick auf die anthropologische Basis selbst, auf der sich ethische Argumentation bewegen muß. Dabei handelt es sich nicht nur um die Geschichte der christlich-theologischen Anthropologie im engeren Sinne und die aus ihr hervorgegangenen theologischen Lehrbildungen, sondern um die darin erfolgte Umbildung vorchristlicher und außerchristlicher anthropologischer Auffassungen mit Einschluß der »Soziallehren«, die das große Werk von Ernst Troeltsch behandelt hat. Im Rahmen der gegenwärtigen Untersuchung kann diese Aufgabe jedoch nicht in ihrem ganzen Umfang in den Blick genommen werden. Vielmehr sollen nur einige für das Thema einer spezifisch christlichen Ethik besonders wichtige anthropologische Sachverhalte benannt werden, die den Rahmen für die im folgenden Kapitel vorzutragenden exemplarischen Gesichtspunkt zum Thema eines spezifisch christlichen Lebensstils bilden.

3. Anthropologische Voraussetzungen christlicher Ethik

Betrifft die Abhängigkeit einer christlich theologischen Ethik von dogmatischen Voraussetzungen insbesondere den Bereich der Anthropologie, in deren Rahmen sich die christlich ethischen Aussagen bewegen, und lassen sich die Aussagen der dogmatischen Anthropologie in den beiden Themenkreisen der Bestimmung des Menschen und der Sünde des Menschen als Verfehlung seiner Bestimmung zusammenfassen,[225] so gewinnt dadurch auch die anthropologische Basis einer christlichen Ethik ihr spezifisch christliches Profil.

Die Bestimmung des Menschen zur Gemeinschaft mit Gott – in der Sprache der christlichen dogmatischen Tradition die Gottebenbildlichkeit des Menschen – begründet das christliche Verständnis der Personwürde,[226] die jedem einzelnen Menschen wegen seiner Bestimmung zur Gemeinschaft mit Gott zukommt und die ihn jeder letzten Inanspruchnahme durch andere Instanzen zur Verfügung über sein Leben und seine Freiheit entzieht. Die christliche Ethik wird diese Begründung der Menschenwürde als anthropologisch allein stichhaltig festhalten müssen gegenüber den Versuchen, die Menschenwürde auf die Vernunftnatur des Menschen zu begründen.[227] Sie wird in der Menschenwürde die Basis der Menschenrechte als Vorbehaltsrechte zum Schutz der individuellen Integrität der Menschen gegen die totalen Ansprüche staatlicher Gewalt erkennen.

Die Bestimmung des Menschen zur Gemeinschaft mit Gott hat in der Perspektive des christlichen Glaubens ihre volle Verwirklichung im Sohnesverhältnis Jesu zu seinem himmlischen Vater gefunden, in das die Christen durch Taufe und Glauben einbezogen werden. Die Realisierung der Bestimmung des Menschen im Verhältnis Jesu zum Vater wird auch für eine christliche Ethik letzter Maßstab für ihre Aussagen über die Bestimmung des Menschen sein.

Die Bestimmung des Menschen zur Gemeinschaft mit Gott betrifft nun aber nicht nur den einzelnen, sondern den Menschen in seiner konkreten Wirklichkeit als soziales Wesen, also den einzelnen in der Gemeinschaft mit andern und die Gemeinschaftsordnung selbst im Verhältnis zu ihren individuellen Gliedern. Daß der einzelne Mensch als soziales Wesen geschaffen ist, kommt darin zum Ausdruck, daß der Schöpfungsbericht der Priesterschrift von der Erschaffung des Menschen zum Ebenbild Gottes im Hinblick auf die Erschaffung des Menschen als Mann und Frau spricht (Gen 1,27). Zwar besteht die Gottebenbildlichkeit des Menschen nicht geradezu in der geschlechtlichen Doppelgestalt menschlicher Existenz und in der gegenseitigen Verwiesenheit von Mann und Frau aufeinander.[228] Sie ist aber als Aussage über den Menschen als Mann und Frau zu verstehen und impliziert daher deren prinzipielle Gleichstellung in ihrer Beziehung zu Gott und also in ihrer Menschenwürde. Daß darin auch die Bestimmung von Mann und Frau zur Gemeinschaft begründet ist, wie sie in der Institution der Ehe ihren Ausdruck gefunden hat, und zwar mit dem Merkmal der Unauflöslichkeit dieser Gemeinschaft, hat Jesus in seiner Antwort auf die Frage der Pharisäer nach der Ehescheidung betont (Mk 10,6–9 parr).[229] Diese Begründung der Bestimmung des Menschen zur Gemeinschaft auf die Schöpfung des Menschen als Mann und Frau ist grundlegend für das christliche Menschenbild überhaupt geworden.

Die geschöpfliche Bestimmung der Menschen zur Gemeinschaft untereinander zielt aber über das Zusammenleben in Ehe und Familie hinaus auf die größere Gemeinschaft des Volkes und auf die Gemeinschaft der Völker, die beide auf der Basis des Glaubens an Gott durch Gerechtigkeit und Frieden vollendet werden sollen: Wie die Rechtsgemeinschaft des Volkes im Alten Testament auf dem Gottesbund beruht, so ist auch in der prophetischen Vision von Micha 4,1–4 und Jesaja 2,2–4 die zukünftige Verwirklichung von Recht und Gerechtigkeit unter den Menschen und des darauf begründeten Friedens in der Völkerwelt als eine Rechtsgemeinschaft der Menschheit auf der Basis der Anerkennung der Autorität des Gottes Israels durch die zum Zion wallfahrenden Völker vorgestellt worden. Insofern gibt es für die christliche Ethik einen Ansatzpunkt zu einer Theologie des Rechts und also auch der politischen Rechtsordnung schon im Zusammenhang mit der Bestimmung des Menschen. Durch die Verwirklichung dieser Bestimmung im Reiche Gottes ist in der Perspektive der Theologie die Existenz der Kirche auf das Thema staatlicher Ordnung bezogen, allerdings in der Weise, daß die staatliche Ordnung als die nur vorläufige Gestalt der gesellschaftlichen Bestimmung des Menschen anerkannt wird, während erst im Gottesreich diese Bestimmung des Menschen ihre unverfälschte Verwirklichung finden wird.[230] In der politischen Ordnung des Staates ist die in der Rechtsordnung zum Ausdruck kommende Bestimmung der Menschen zur Gemeinschaft untereinander faktisch immer mehr oder weniger verquickt mit den Problemen der alle Herrschaft von Menschen über Menschen begleitenden Ungerechtigkeit. Andererseits ist die Staatsgewalt aber wiederum auch legitimiert durch die Aufgabe der Wahrung des Rechts gegen die Übergriffe der Individuen gegeneinander, die als Folge der Sünde zu verstehen sind (vgl. Röm 13,1–5). Die politische Form der Gemeinschaftsordnung hat daher in christlicher Betrachtung ein Doppelgesicht, indem sie einerseits durch ihre Funktion für die Verwirklichung der Bestimmung des Menschen zur Gemeinschaft durch Entwicklung und Bewahrung der Rechtsgemeinschaft im Blick auf ihre eschatologische Vollendung gekennzeichnet ist, andererseits aber als staatliche Herrschaftsordnung der Begrenzung der zerstörerischen Auswirkungen der Sünde im menschlichen Gemeinschaftsleben dient und selbst immer wieder in der Versuchung steht, der Verführung der Sünde in der Form menschlichen Machtwillens und Machtmißbrauchs zu erliegen.

Damit ist bereits das Thema der Sünde berührt, das neben der Bestimmung des Menschen zur Gemeinschaft mit Gott als Basis der Personwürde des einzelnen, sowie auch einer durch Gerechtigkeit und Frieden im Zusammenleben der Menschen begründeten sozialen Lebensordnung, den zweiten für eine christliche Ethik maßgeblichen anthropologischen Gesichtspunkt bildet: Die Menschen sind Gott und den andern Menschen, sowie auch der sie umgebenden Naturwelt entfremdet durch ihr maßloses Begehren nach Lebenserfüllung für das eigene Ich (vgl. Röm 7,7–11). Die allgemeine Verbreitung der Herrschaft der Sünde im Verhalten der Menschen in Rechnung zu stellen, kennzeichnet den Realismus christlicher Anthropologie und Ethik.[231] Die Christen sind zwar nach Paulus durch Taufe und Glauben, also durch ihre Gemeinschaft mit Tod und Auferstehung Jesu Christi, der Herrschaft der Sünde entnommen (Röm 6,3–11). Aber auch im Lebensgang der Christen in diesem sterblichen Leben bis zu ihrem in der Taufe schon vorweggenommenen Tode liegen der Geist Gottes und die Selbstsucht der Sünde noch in Streit miteinander (Gal 5,17), so daß der Apostel sich zu der Mahnung veranlaßt sah, daß die Sünde nicht wiederum mit ihren Begierden in unserem sterblichen Leibe zur Herrschaft kommen soll (Röm 6,12). Dieser Gesichtspunkt hat für die christliche Ethik weitreichende Folgen, die die theologische Tradition durch die Übernahme und Umbildung der antiken Tugendlehren einerseits, sowie durch die Erörterung der in einer christlichen Lebensführung zu vermeidenden Laster andererseits behandelt hat. Dabei haben sowohl Tugenden als auch Laster wiederum Auswirkungen nicht nur für die individuelle Lebensproblematik, sondern auch für das gesellschaftliche Zusammenleben.

6. Kapitel:
Prinzipien christlicher Ethik im Kontext einer säkularisierten Gesellschaft

In einer Gesellschaft, deren Ideale und Normen der Lebensführung allgemein durch den christlichen Glauben bestimmt sind, ist der Unterschied zwischen allgemeiner Ethik und spezifisch christlicher Ethik gering. Er kann sich beschränken auf das spezifisch religiöse Verhalten der Menschen, also auf die Partizipation am kirchlichen Leben, auch in den Bereichen der Familie und der Erziehung, sowie auf das Verhältnis von Kirche und öffentlicher Ordnung. In einer Gesellschaft jedoch, deren Ideale der Lebensführung dem christlichen Glauben fremd oder aus einer Entfremdung von ihm hervorgegangen sind, muß die christliche Ethik den Kontrast zwischen einer christlichen Lebensführung und dem Lebensstil der gesellschaftlichen Umwelt thematisieren. Dadurch stärkt sie die einzelnen Christen im Bewußtsein der Notwendigkeit einer solchen Differenz als Bedingung der Integrität ihres individuellen Christseins. Zugleich schärft sie auch der Gemeinschaft der Christen das Bewußtsein für die Aufgabe ein, in solchen Fragen zu einer gemeinsamen Urteilsbildung zu gelangen, die wiederum zur Stärkung der einzelnen Christen beiträgt in ihrem Bestreben, die Differenz ihres eigenen Lebensstils als Christen von dem ihrer gesellschaftlichen Umwelt durchzuhalten. Insofern es sich dabei nicht nur um die Besonderheiten der individuellen Lebensführung handelt, sondern um das gemeinsam Christliche, ist die Kirche mit Recht als »Kontrastgesellschaft« im Verhältnis zu der sie umgebenden gesellschaftlichen Welt bezeichnet worden.[232] Die Aktualität dieses Gesichtspunkts in einer von ihren christlichen Wurzeln sich zunehmend ablösenden Gesellschaft erklärt die Anziehungskraft der Versuche, die christliche Ethik insgesamt mit der Ekklesiologie zu verbinden und auf sie zu begründen.[233] Dabei würde jedoch die Frage nach der humanen Allgemeingültigkeit des christlichen Ethos entweder vernachlässigt oder aber lediglich im Sinne eines christologisch begründeten

Anspruchs geltend gemacht. Ein solcher Anspruch wiederum, der auf die Auffassung Jesu Christi als des zweiten Adam, der eschatologisch endgültigen Gestalt des Menschen schlechthin begründet werden mag, muß im Bereich der Ethik an der ethischen Thematik menschlicher Lebensführung ausgewiesen werden. Daher kann eine nur ekklesiologische Begründung christlicher Ethik nicht ausreichen, wenn dargetan werden soll, daß das christliche Ethos mehr ist als nur eine kirchliche Konvention. Die allgemein humane Relevanz des christlichen Ethos erhellt erst aus der Beziehung der ethischen Konsequenzen des Christseins auf die allgemeine ethische Lebensthematik des Menschen.[234] Das christliche Ethos bildet eine spezifische Modifikation dieser allgemeinen ethischen Thematik. Dabei ist das Verhalten des einzelnen Christen immer eingebunden in die Gemeinschaft der Christen. Dennoch kommt die Besonderheit eines christlichen Lebensstils primär im Verhalten der Individuen zum Ausdruck. Die Kirche als solche ist nicht Subjekt des christlichen Ethos. Dieses Ethos wird daher auch nicht in erster Linie durch die kirchlichen Amtsträger verkörpert, sondern ist Sache jedes einzelnen Christen, sosehr von den Amtsträgern der Kirche mit Recht erwartet werden kann, daß sie durch ihr persönliches Verhalten ein Beispiel christlicher Lebensführung geben.

Im folgenden sollen einige grundsätzliche Aspekte eines christlichen Ethos unter dem Gesichtspunkt seiner Differenz von der in den säkularisierten Gesellschaften vorherrschenden Form der Lebensführung behandelt werden. Dabei wird der Grundsatz der Selbstverwirklichung der Individuen nach eigener Wahl als das in diesen Gesellschaften maßgebende Ideal der Lebensführung unterstellt. Demgegenüber ist ein christlicher Lebensstil einerseits durch den Gedanken des Dienstes an Gott und den Mitmenschen bestimmt, und darin ist die Überzeugung enthalten, daß Menschen nur im Vollzug solchen Dienstes an Gott und den Mitmenschen zu einem erfüllten Leben gelangen können. Andererseits ist die christliche Auffassung von der Sündhaftigkeit des Menschen nicht mit dem Gedanken vereinbar, daß alle im Menschen angelegten Bestrebungen gleichermaßen berechtigten Anspruch darauf haben, entfaltet und ausgelebt zu werden. In der Anwendung auf das Zusammenleben der Menschen ist für den durch das Christentum in seiner Geschichte entwickelten Lebensstil besonders die Hochschätzung von Ehe und Familie charakteristisch geworden. Dabei läßt die christliche Auffassung der Ehe als Darstellung der auf das Bundesverhältnis Gottes zu seinem Volk zielenden und in Jesus Christus erfüllten Bestimmung des Menschen wiederum die Differenz zu dem Ideal unmittelbarer Selbstverwirklichung hervortreten. Diese Differenz wird sich schließlich auch im christlichen Verständnis des Staates und im Verhältnis des einzelnen Christen sowie der Kirche zum Staat zeigen.

1. Selbstverwirklichung und Dienst

Im Grundrechtskatalog des deutschen Grundgesetzes steht an der Spitze der Persönlichkeitsrechte in Art. 2, 1, ein jeder habe »das Recht auf die freie Entfaltung seiner Persönlichkeit«. In der Geschichte der Freiheitsrechte ist dieser Gedanke erst im 18. Jahrhundert aufgekommen. In den englischen Diskussionen des 17. Jahrhunderts über das Recht jedes Bürgers auf »Leben, Freiheit und Eigentum«[235] im Anschluß an die *Petition of Right* von 1628/29 bedeutete besonders bei deren Mitverfasser Edward Coke das Wort Freiheit noch Sicherheit vor Verhaftung ohne gesetzliche Grundlage.[236] In der späteren Diskussion, besonders in den Äußerungen des Cromwellschen Heeres im *Agreement of the People* von 1647 wurde der Freiheitsbegriff im Zusammenhang mit dem des Eigentums im Sinne einer Sphäre der Selbstverfügung des Individuums diskutiert.[237] In diesem Sinne wurde entgegen dem Urteil der traditionellen Naturrechtslehre, entgegen auch noch der Auffassung von Hugo Grotius,[238] ein mit der individuellen Freiheit verbundenes Recht auf Eigentum bejaht, obwohl Cromwells Schwiegersohn Henry Ireton bereits vor den Ansprüchen einer schrankenlosen Freiheit warnte, »die dem durch die Erbsünde vererbten egoistischen Trieb, einem schrankenlosen Individualismus entspringt und alle Rücksicht auf die Gemeinschaft (commonwealth) fahrenläßt«.[239] Auch John Locke hat den Freiheitsbegriff eng verknüpft mit dem des Eigentums gesehen. Er definierte im zweiten seiner *Two Treatises on Civil Government* (1690) den Naturzustand der Menschen als »a state of perfect freedom to order their actions, and dispose of their possessions and persons as they think fit«,[240] also ohne die von Ireton ausgesprochenen Vorbehalte aus der Perspektive der christlichen Sündenlehre. Freiheit und Gesetz standen für Locke nicht in Gegensatz zueinander, denn »liberty is to be free from restraint and violence from others, which cannot be where there is no law«.[241] Gesetz und Freiheit sind dadurch verbunden, daß die Freiheit des Menschen nach Locke in seiner Vernunftnatur begründet ist.[242] Es handelt sich bei der Freiheit also nicht um irrationale Willkür. Darum konnte Locke auch den Gesellschaftszustand politischer Herrschaft anders als einst Thomas Hobbes positiv auf die natürliche Freiheit der Menschen beziehen, indem er mit ihr das Interesse an der Bewahrung dieser Freiheit verband: Die Menschen vereinigen sich »for the mutual preservation of their lives, liberties and estates, which I call by the general name property«.[243]

In der nordamerikanischen Unabhängigkeitserklärung von 1776 heißt es dann, alle Menschen seien von ihrem Schöpfer mit unveräußerlichen Rechten ausgestattet, zu denen »Leben, Freiheit und das Streben nach Glückseligkeit gehören« und zu deren Bewahrung Regierungen unter den Menschen eingesetzt worden seien. Diese Formulierung stammt aus der kurz zuvor verabschiedeten Verfassung von Virginia.[244] An die Stelle des Eigentumsbegriffs ist hier die Formel »pursuit of happiness« getreten.[245] Der Erwerb von Eigentum konnte wohl als ein Teilaspekt des Strebens nach Glückseligkeit verstanden werden. In dieser Formel nun dürfte der geschichtliche Ursprung auch noch der Formulierung von Art. II, 1 GG liegen, wonach das grundlegende Persönlichkeitsrecht eines jeden »die freie Entfaltung seiner Persönlichkeit« sei.[246]

Es wurde bereits erwähnt (s.o. Kap. I, 2), daß im deutschen Grundgesetz das Recht auf die freie Entfaltung der Persönlichkeit noch durch Rechte anderer, die verfassungsmäßige Ordnung und »das Sittengesetz« beschränkt und überdies der Unantastbarkeit der Menschenwürde (Art. I, 1) untergeordnet ist, daß aber von diesen Schranken in der Verfassungswirklichkeit nur die Bindung an die positive Rechtsordnung des Staates noch wirklich funktioniert, während in einigen Fällen – so beim Thema der Abtreibung – bereits Konflikte zwischen dem Recht auf freie Entfaltung der Persönlichkeit und dem Prinzip der Unantastbarkeit der Menschenwürde sich abzeichnen. In solchen Konflikten wirken die unterschiedlichen kulturellen Wurzeln der Grundrechtsformulierungen sich aus: Die Garantie der Unverletzlichkeit der Menschenwürde ist letztlich biblisch-christlichen Ursprungs; denn sie beruht auf dem biblischen Gedanken der Gottebenbildlichkeit des Menschen.[247] Demgegenüber geht die Vorstellung eines Rechts auf freie Entfaltung der Persönlichkeit auf den Liberalismus des 18. Jahrhunderts zurück, der die christliche Erbsündenlehre hinter sich gelassen hatte und sich von der Vorstellung einer Konvergenz der individuellen Bestrebungen zum Ergebnis des allgemeinen Wohls leiten ließ, eine Vorstellung, die klassisch in dem Werk von Adam Smith über den Wohlstand der Nationen beschrieben wurde. In diesem Punkt hat sich, wie der Freiburger Historiker Gerhard Ritter 1948 feststellte, »die amerikanische Erklärung der Menschenrechte von der gemein-christlichen Tradition bereits entfernt«.[248] Denn: »Die höchste Bestimmung des Menschen ... lautet nach christlichem Verständnis nicht: glücklich zu werden, sondern Gottes Willen zu tun, d.h. sich als sittliche Person innerhalb der Gemeinschaft zu bewähren«.[249] Genauer gesagt: Die Hoffnung auf Glückseligkeit ist an die Übereinstimmung mit Gott und seinem Willen gebunden. Das Streben nach Glückseligkeit als solches, ohne Rücksicht auf die gebotene Unterordnung unter die Forderung des Guten und unter Gott als dessen Maßstab, kann daher in christlicher Perspektive nicht ohne weiteres als ein den Menschen als Geschöpfen verliehenes Recht bezeichnet werden, wie es in der amerikanischen Verfassung heißt. Vor allem kann es sich in christlicher Sicht nicht um ein Recht handeln, sich nach beliebigen individuellen Vorstellungen vom eigenen Glück zu verhalten. Eine im Prinzip unbeschränkte Selbstverfügung des Menschen ohne Bindung an Gott und an eine dem Menschen vorgegebene Norm des Guten ist kein dem Menschen durch Gottes Schöpfung verliehenes Recht, sondern Ausdruck der Sünde des Menschen, der nach Gen 3,5 sein will wie Gott, indem er selber (für sich und für andere) über Gut und Böse entscheidet.

In der gegenwärtigen gesellschaftlichen Verfassung der westlichen Demokratien erscheint das Recht auf freie Selbstentfaltung der eigenen Persönlichkeit vielen Menschen als das menschliche Grundrecht schlechthin. Im christlichen Verständnis hingegen ist das zentrale Thema der Lebensführung nicht Selbstverwirklichung im Sinne eines ungebundenen *pursuit of happiness*, sondern Dienst: Dienst an Gott und an andern Menschen, nämlich an dem Gott, der die Gemeinschaft der Menschen mit ihm und die dadurch vermittelte Gemeinschaft der Menschen untereinander will, und Dienst an den Menschen im Lichte ihrer Bestimmung zur Gemeinschaft mit Gott. Der Zusammenhang zwischen Dienst an Gott und seinem Willen für die Menschen einerseits und Dienst an den Menschen andererseits ist wichtig. Daraus ergibt sich nämlich, daß die christliche Nächstenliebe nicht bedeutet, daß wir uns zu Dienern der sündhaften Begierden unserer Mitmenschen machen sollen. Vielmehr geht es darum, zu lieben im Sinne des göttlichen Liebeswillens und in der Perspektive der Bestimmung der Menschen zur Gemeinschaft mit Gott.

Das Leben des Christen als Dienst ist nun nicht etwa der Freiheit des Menschen entgegengesetzt, sondern es ist nach Luther geradezu Ausdruck dieser Freiheit: Sind wir durch die Gemeinschaft des Glaubens mit Gott frei von aller letzten Bindung an menschliche Autorität, so sind wir gerade um Gottes willen zugleich allen Menschen »ein dienstpar knecht und yderman unterthan«.[250] Solches Verhalten der Christen folgt dem Vorbild Christi selbst, wie Paulus Phil 2,5 schreibt: Seid gesinnt wie Jesus Christus, der sich selbst erniedrigte und, wie Luther hinzufügt, um unseretwillen ein Knecht geworden ist.[251] Nach dem Vorbild Christi soll, so umschreibt Luther Phil 2,4, »eyner dem andernn dienen, und ein yglicher acht haben nit auff sich noch auff das seyne, sondernn auff den andernn und was dem selben nott sey«.[252] Der Dienst an Gottes Liebeswillen gegenüber den Menschen bestimmt also nach dem Vorbild des Gehorsams Christi das Leben des Christen als Dienst.

Dieser Sachverhalt ist im Neuen Testament noch nicht durch den Gedanken des Dienens *(diakonia)* ausgedrückt worden, sondern wurde als ein »einander untertan sein« beschrieben, am grundsätzlichsten vielleicht im Epheserbrief: »Ordnet euch einander unter in der Furcht Christi« (Eph 5,21). Die Wendung von der Furcht Christi mag dabei als Hinweis auf die künftige Funktion Christi als Richter bei seiner Wiederkunft zu verstehen sein.[253] Jedenfalls soll die Autorität Christi die Glaubenden zu solchem Verhalten bewegen, wie es der Epheserbrief in den folgenden Sätzen beschrieben hat: Nicht nur sollen die Frauen ihren Männern untertan sein, sondern auch die Männer sollen ihre Frauen so lieben, wie »Christus die Kirche geliebt und sich für sie hingegeben hat« (Eph 5,25). Entsprechend wird das Verhältnis von Eltern und Kindern (6,1–4) sowie von Sklaven und Herren (6,5–9) unter den Gesichtspunkt der gegenseitigen Unterordnung gestellt.

In solchem umfassenden Sinne sollte auch der Begriff der Diakonie verstanden werden. Wenn Paulus das Verhalten Christi, der sich selbst erniedrigte, als Vorbild für die Glaubenden bezeichnet (Phil 2,5), so entspricht das dem Wort Jesu selbst über das Dienen: »Der Menschensohn ist nicht gekommen, sich dienen zu lassen, sondern zu dienen und sein Leben hinzugeben als Lösegeld für viele« (Mk 10,45 parr). Dem entspricht die damit verbundene Anweisung an die Jünger: »Wer unter euch groß sein will, muß euer Diener, und wer unter euch der erste sein will, muß der Knecht aller sein« (Mk 10,43f. parr). Diese Allgemeinheit des Dienens, die hier als Grundregel für die Beziehungen der Christen untereinander erscheint, ist aber schon im Urchristentum durch einen einschränkenden Sprachgebrauch für die Begriffe Diakon und Diakonie zurückgedrängt worden, indem in der Apostelgeschichte des Lukas die Speisung für die Armen und Witwen als »tägliche Diakonie« (Apg 6,1) bezeichnet wurde und auch das Diakonenamt dem Tischdienst in besonderer Weise zugeordnet wurde, obwohl es späterhin auch umfassender als ein besonderes Dienstamt in Zuordnung zum Episkopenamt aufgefaßt werden konnte. Zunehmend ist der Begriff der Diakonie für den spezifischen Bereich der karitativen Tätigkeiten der Kirche gebräuchlich geworden.[254] Demgegenüber sollte das Verständnis des Dienens als umfassende Beschreibung des christlichen Lebensstils erneuert werden.

Konkretisiert wurde dieser Gedanke in Luthers Lehre vom Beruf.[255] Luther hat die Vorstellung einer besonderen Berufung einzelner Personen, die das christliche Mittelalter vor allem als Berufung zum geistlichen Stande, insbesondere zum Mönchtum, auffaßte, verallgemeinert und unter Bezugnahme auf biblische Aussagen wie 1. Kor 7,20 auf die weltlichen Tätigkeiten aller Christen bezogen.[256] Luther ist dabei über den Sinn der Paulusstelle 1. Kor 7,20 (»Jeder bleibe in der Berufung, in der er berufen worden ist«) zweifellos hinausgegangen. Paulus bezog sich mit diesem Wort auf den jeweiligen Stand, in welchem ein jedes Gemeindeglied von der Berufung zum Glauben getroffen worden ist (1. Kor 7,17), z.B. als Jude oder Heide, als Sklave oder Freier. Bei Luther wurde daraus der Dienst, *zu dem* wir berufen sind. Diese Deutung läßt sich als Ausdruck der Verknüpfung von 1. Kor 7,20 mit der Charismenlehre von 1. Kor 12 verstehen und entspricht insofern zwar nicht dem Sinn des Pauluswortes 1. Kor 7,20 für sich genommen, aber durchaus der Tendenz paulinischen Denkens im allgemeinen ebenso wie dem Aufruf des Epheserbriefs zur gegenseitigen Unterordnung (Eph 5,21). Luthers Berufslehre hat die Berufung jedes einzelnen Christen zum Glauben verknüpft mit der Einweisung in einen besonderen Beitrag zum gemeinsamen Leben durch Ausübung einer besonderen Tätigkeit in der Welt, die den Mitmenschen dient. In diesem Sinne ist der Berufsgedanke Luthers in der Geschichte des Protestantismus außerordentlich wirksam geworden. Er hat dazu angeleitet, die weltliche Berufsarbeit des einzelnen in der arbeitsteiligen Gesellschaft als Konkretion jenes Dienens an den Menschen zu verstehen und zu leben, das aus der Berufung zum Glauben folgt.

Heute ist der Gedanke des Dienens im Bewußtsein der Menschen weitgehend verblaßt. Thema der Lebensführung ist mehr die Selbstverwirklichung als der Dienst an andern Menschen. Darum ist der Stellenwert sog. Dienstleistungen oder dienender Berufe in der öffentlichen Wertschätzung gering, es sei denn, es handelt sich um öffentlich herausragende Formen des Einsatzes für Werte der Humanität. Der Beruf wird vielfach nur als Job zur Beschaffung der materiellen Mittel für die Selbstverwirklichung des Menschen angesehen, die dann ihren Schwerpunkt außerhalb der Berufsarbeit sucht.

Demgegenüber ist die christliche Lebensführung dadurch gekennzeichnet, daß sie im Zeichen des Dienstes an den Mitmenschen im Rahmen des Dienstes an Gott und seinem Willen für seine Schöpfung steht. Solcher Dienst fängt nicht erst bei speziellen karitativen Tätigkeiten an, sondern vollzieht sich in den jeweiligen sozialen Rollen, die ein jeder zu erfüllen hat. Wird das Leben als Dienst mit Trutz Rendtorff als ein *»Leben für andere«* beschrieben, das »als Tun des Guten in den Ordnungen des Lebens konkretisiert« und so als ein »Geben des Lebens« bestimmt ist,[257] dann ist auch deutlich, daß darin das Empfangenhaben des Lebens, sein »Gegebensein« und die *Annahme* des gegebenen Lebens immer schon vorausgesetzt ist: Nur derjenige, der sein Leben als empfangenes annimmt und sich des empfangenen Lebens in Dankbarkeit freut, kann auch frei und ungezwungen Leben weitergeben. Das Verständnis der Lebensführung im Zeichen des Dienstes schließt also keineswegs Lebensfreude aus. Es steht auch nicht im Gegensatz zu einem erfüllten Leben. Ganz im Gegenteil: Ein Leben, das sich als Dienst an andern versteht, wird immer auch ein erfülltes Leben sein. Ein Leben, das nur der eigenen Selbstverwirklichung dient, bleibt dagegen oft leer und unbefriedigt. Auch hier gilt die alte platonische Ansicht, daß ein Leben, das dem Dienst am Guten gewidmet ist, den Menschen zur Glückseligkeit verhelfen wird, während ein unmittelbar auf Glückseligkeit gerichtetes Streben das erstrebte Ziel verfehlen muß.[258]

Für Trutz Rendtorff erhebt sich an dieser Stelle der »ethische Grundkonflikt«. Er entsteht gegenüber einer Einstellung, in der »das eigene Leben mit dem Leben überhaupt identifiziert wird«.[259] Die Ethik habe »den Versuch von Letztbegründung und Selbstverwirklichung durch Handeln als einen widersprüchlichen Fehlweg offenzulegen«.[260] Widersprüchlich ist dieser Weg, weil dabei das Gegebensein des Lebens, das der Mensch »immer schon hat«, übersprungen wird ebenso wie die Aufgabe des Dienstes an andern. Für den Christen jedenfalls ist seine Identität allem eigenen Handeln voraus durch die Taufe begründet *(extra nos in Christo)* und im Glauben gewiß, so daß die Werke nicht mehr die Funktion der Selbstverwirklichung, sondern nur noch die einer Konkretisierung und Bewährung der eigenen Identität haben können. Gerade darum, weil die Frage nach der eigenen Identität für die Christen schon beantwortet ist durch das Handeln Gottes an ihnen, werden sie in ihrer Lebensführung frei zum Dienst an andern. Dieser Grundgedanke kennzeichnet die Ethik von Trutz Rendtorff als spezifisch christliche, evangelische Ethik. Daher durchzieht die Auseinandersetzung mit dem Gedanken der Selbstverwirklichung auch die Erörterungen der »Konkretionen« der Ethik im zweiten Band dieser Darstellung. So wird der Sinn der Ehe als Lebensgemeinschaft nach Rendtorff verfehlt, wenn die Ehepartner ihre Beziehung »im Dienste autonomer Selbstverwirklichung« verstehen.[261] Ebenso muß die verantwortliche Selbstbestimmung im politischen Leben unterschieden werden von unmittelbarer Selbstbestimmung, die allein der eigenen Verwirklichung als Entfaltung individueller Freiheit dienen soll,[262] wie es andererseits auch falsch ist, »von Staat und Politik letztgültige Selbstverwirklichung des Menschen zu erwarten«.[263] Im Bereich der Erziehung und Bildung wird das Ideal unmittelbarer Selbstverwirklichung des einzelnen zu »einer prinzipiellen Erziehungskritik«, der die Schule als Zwang erscheint.[264] Antiinstitutionell wirkt sich das Ideal unmittelbarer Selbstverwirklichung in allen Bereichen individuellen Verhaltens, auch im Bereich der Religion aus.[265] Durchweg verfehlt also nach Rendtorff das heute so verbreitete Streben nach Selbstverwirklichung die ethischen Aufgaben der menschlichen Lebensführung, aber auch den grundlegenden Sachverhalt, daß wir unser Selbstsein immer nur empfangen können. Sicherlich vollzieht sich auch eine Entfaltung unseres Selbstseins im Vollzug der Lebensführung, aber nur mittelbar, durch den Dienst an den Aufgaben, denen wir uns widmen, und diese Aufgaben werden verkürzt, wenn wir primär unter dem Gesichtspunkt der eigenen Selbstverwirklichung an sie herangehen.

Muß also der christliche Lebensstil durch den Gedanken des Dienstes geprägt sein, so ist dabei doch zu beachten, was Robert Spaemann im Anschluß an Augustin als *ordo amoris* bezeichnet hat, nämlich

»eine gestufte Rangordnung innerhalb des universalen Wohlwollens« der Liebe.[266] Es gehört zur Endlichkeit des menschlichen Daseins, daß unsere Zuwendung nicht allen Menschen, die uns umgeben, gleichzeitig und in gleicher Weise zuteil werden kann. Es gibt Unterschiede größerer Nähe oder Ferne, allerdings keine feste Kategorisierung, die ein für allemal festlegte, wer »mein Nächster ist« (Lk 10,29): In der Situation der Hilfsbedürftigkeit und im Akt der helfenden Zuwendung kann der sonst ferner Stehende zumindest momentan zum Nächsten werden. Doch solche Verflüssigung des Unterschiedes von Nahen und Fernen hebt den Unterschied als solchen nicht auf. Schon im Akt der Zuwendung selber liegt eine hervorhebende Unterscheidung – eine »Diskriminierung« – dessen, dem sie sich zuwendet, von allen übrigen. Entsprechendes gilt von dem Dienst an anderen, der sich nicht allen zugleich widmen kann und für den Prioritäten der Zuwendung gelten müssen. Sogar die göttliche Liebe macht Unterschiede zwischen denen, die sie erwählt, und anderen, die im jeweiligen Akt der erwählenden Zuwendung zunächst übergangen werden. Das sind Unterscheidungen, die erkennen lassen, daß der Gleichheitsgrundsatz in Sachen der Liebe nicht maßgebend ist, so sehr das Wohlwollen der Menschen entsprechend dem Verhalten des Schöpfers grundsätzlich allen gelten soll (Mt 5,44–26 par).

Die gegenseitige Unterordnung, von der in Eph 5,21ff. die Rede ist, hat es speziell mit dem Verhalten der Christen untereinander zu tun. So ist auch das Liebesgebot Jesu im Johannesevangelium auf die gegenseitige Liebe der Glaubenden gerichtet (Joh 13,34, vgl. 15,12 und 17). Die von Jesus gebotene Feindesliebe geht darüber hinaus (Mt 5,44–46). Aber die apostolischen Schriften haben das Liebesgebot doch an erster Stelle auf das Verhältnis der Christen untereinander bezogen. So auch Paulus Röm 12,10 und 13,8. Dennoch rief Paulus die Glaubenden dazu auf, allen Menschen Gutes zu erweisen. Doch er fügte hinzu: »allermeist aber denen, die euch durch den Glauben verbunden sind« (Gal 6,6). Heutigem Verständnis sind solche Unterscheidungen in der Nächstenliebe und in der Pflicht zum Dienst an anderen Menschen schwer nachvollziehbar, weil die moralische Mentalität des Zeitalters unter dem Eindruck einer abstrakten Vorstellung von Gleichheit steht. Doch nicht nur liegt im Akt der liebenden Zuwendung immer schon ein Moment heraushebender Unterscheidung. Solche Unterscheidung hat auch einen sachlichen Grund in der Zusammengehörigkeit von Gottesverhältnis und Dienst am Nächsten:

Daraus ergibt sich die vorrangige Bedeutung der gegenseitigen Unterordnung der Christen innerhalb der kirchlichen Gemeinschaft, die auf den Glauben an Gott und an die Offenbarung seiner Liebe in Jesus Christus begründet ist. Von *koinonia*, Gemeinschaft, hat Paulus nur im Blick auf das Verhältnis der Christen untereinander gesprochen, nicht in bezug auf das Verhältnis zu Menschen außerhalb der Gemeinschaft der Christen.[267] Darum gilt auch seine Mahnung: »nehmet einander an« (Röm 15,7) nur dem Verhältnis der Christen zueinander und gerade nicht im Verhältnis zu allen Menschen ohne Rücksicht auf ihren Glauben und ihre Lebensführung. Diesen Vorrang der Solidarität unter Christen müssen wir heutigen Christen neu lernen in einer Welt, die dazu tendiert, Unterschiede der Religion als gleichgültig zu beurteilen, weil ihr der Glaube selber gleichgültig geworden ist. Wo aber heute die Forderung erhoben wird, christliche Liebe und also auch das christliche Dienen müsse sich unterschiedslos – und insbesondere ohne Unterschied des Glaubens – auf alle erstrecken, da handelt es sich um eine unangemessene Anpassung an den Säkularismus mit seiner Vergleichgültigung der Religion. Solcher Vergleichgültigung zu widerstehen, indem Christen ihr Leben bewußt als Dienst an Gott und so an den Menschen führen, schließt nicht aus, daß christliche Diakonie sich auch auf Nichtchristen erstrecken kann (Röm 12,17ff.), allerdings nicht abgelöst vom Zeugnis des Glaubens, sondern immer mit ihm verbunden. Entsprechendes muß auch für die Berufstätigkeit der Christen in den arbeitsteiligen Funktionen der säkularen Gesellschaft gelten.

2. Selbstbeherrschung

Das Ideal der Selbstverwirklichung als Leitmotiv der Lebensführung ist heute oft mit der Vorstellung verbunden, jeder Mensch habe ein Recht darauf, alle in ihm angelegten Strebungen und Möglichkeiten auszubilden. Diese Auffassung ist verstärkt worden durch die Breitenwirkung der Psychoanalyse, die die Gefahren der Triebverdrängung für die seelische Gesundheit der Menschen bewußt gemacht hat. Zwar hat gerade Freud auch von der positiven Möglichkeit einer Sublimierung gesprochen, und er hat die Notwendigkeit einer Beherrschung des Trieblebens durch das an den Kulturnormen des Überich orientierte Realitätsprinzip des Ich durchaus nicht prinzipiell bestritten, so sehr er vor zu großer Strenge des Überich warnen konnte. Im öffentlichen Bewußtsein der säkularisierten Gesellschaften scheint aber vor allem der Gesichtspunkt einer Schädlichkeit der Triebverdrängung wirksam geworden zu sein in Verbindung mit der Vorstellung vom Recht jedes Individuums auf Selbstentfaltung. Als unmoralisch erscheint dann nicht mehr die Ausbildung von in der Gesellschaft als ungehörig und lästig empfundenen Verhaltensweisen. Als unmoralisch stellt sich vielmehr die Zumutung dar, solche Verhaltensweisen zu unterlassen, wenn sie als Ausdruck der freien Selbstentfaltung einzelner auftreten. Das verbindet sich dann mit der Erwartung von Toleranz durch die Mitmenschen, deren Toleranzbereitschaft dadurch oft in hohem Maße strapaziert wird.

Christliche Ethik wird hier zu anderen Urteilen gelangen müssen. Der Anspruch auf ein Recht auf freie Entfaltung aller Anlagen und Möglichkeiten der Menschen setzt nämlich voraus, daß die Natur des Menschen mit allem in ihr Angelegten ebenso allseitiger Entfaltung würdig ist. Diese Voraussetzung steht im Gegensatz zur christlichen Erkenntnis der Sündhaftigkeit der Menschen. In der Sicht christlicher Anthropologie stehen die Menschen mit ihren egoistischen Neigungen nicht nur den Rechten und Freiheiten anderer, sondern auch ihrer eigenen wahren Bestimmung im Wege. Dabei leugnet die christliche Lehre nicht, daß es bei den Menschen auch natürliche Impulse der Dankbarkeit, des Wohlwollens und der Anteilnahme an andern gibt. Doch sie sieht die Menschen unter dem Einfluß fortgesetzter Versuchung, sich auch mit ihren besseren Bestrebungen in ihren egoistischen Neigungen zu verstricken, und zwar derart, daß sie sich durch eigene Kraft aus dieser Verstrickung nicht zu befreien vermögen.[268] Dagegen spricht nicht die Tatsache des Guten, das dennoch durch Gottes Gnade unter Menschen geschieht; denn es geschieht trotz der Verstrickung der Menschen in ihren egoistischen Neigungen. Darum sollten die Menschen das Gute, das durch sie geschieht, auch nicht sich selber zurechnen, sondern der Gnade Gottes. Dem stehen nun freilich wiederum die Eitelkeit der Menschen und ihre Neigung zum Selbstruhm entgegen. Gegen die Verstrickung in den Hang, das eigne Ich zum Zentrum aller Dinge werden zu lassen, gibt es nur ein radikales Mittel, nämlich dem eigenen egoistischen Leben abzusterben, wie es zeichenhaft in der christlichen Taufe geschieht: Indem sie den künftigen Tod des Täuflings zeichenhaft vorwegnimmt, um ihn mit dem Tode Christi zu verbinden, vermittelt sie dem Täufling die Hoffnung auf Teilhabe an dem neuen Leben des auferstandenen Christus, und aus dieser Hoffnung soll der Christ in der Kraft des Geistes Christi schon jetzt ein neues Leben führen (Röm 6,8–11). Das so begründete neue Leben soll sich schon in diesem sterblichen Leben auf sein Ende in dem durch die Taufe vorweggenommenen Tode hin auswirken, so daß die Macht der Sünde dadurch gebrochen wird und nun nicht mehr in ihm herrschen soll (Röm 6,14), sondern der Wille Gottes durch den Geist Christi.

In diesem Sinne läßt sich die Aufgabe christlicher Lebensführung negativ durch den Gedanken der Selbstbeherrschung zusammenfassen: Die Beherrschung und Zähmung der »Begierden« des »Fleisches«, also der selbstsüchtigen Regungen dieses todverfallenen Lebens, ist dem Christen aufgegeben. Das ist eine für die moderne Mentalität sicherlich wenig anziehende Beschreibung der Aufgabe christlicher Lebensführung. Sie erinnert an das spätantike Ideal der Askese, das aus moderner Sicht als lebensfeindlich erscheinen mag. Dazu ist aber zu sagen, daß christliche Askese schon deshalb nicht zur Verneinung dieses gegenwärtigen Lebens überhaupt führen darf, weil dieses vielmehr als Schöpfung Gottes zu bejahen und täglich mit Dank anzunehmen ist, samt allem, was dazugehört. Christliche Askese wendet sich nur gegen die Struktur der Ichverfangenheit, die dieses sterbliche Leben zum Leben der Sünde pervertiert. In diesem Sinne bedeutet christliche Askese gerade Befreiung der Glaubenden zur Annahme der Geschöpflichkeit des den Menschen gegebenen Lebens, gerade auch in seiner Leiblichkeit. Der christliche Glaube ist nicht leibfeindlich. Wie die christliche Auferstehungshoffnung sich auf die *Verklärung* dieses irdischen Lebens und nicht etwa auf seine Beseitigung richtet, so wird auch die aus der Hoffnung auf das Leben des auferstandenen Christus motivierte Lebensführung der Christen das gegenwärtige Leben mit seinen Möglichkeiten positiv annehmen, aber freilich nun aus einer neuen, nicht mehr maßgeblich dem Egoismus verpflichteten und damit dem Tode verfallenen Perspektive. Aus dieser Perspektive des neuen Lebens im Reiche Gottes soll die Lebensführung der Christen nun ihre Einheit empfangen – im Gegensatz zur egoistischen Natur der Begierden des »Fleisches«. In diesem Sinne ist christliche Lebensführung mit der Aufgabe der Selbstbeherrschung verbunden. Dabei berührt sich die christliche Ethik auch an dieser Stelle mit der allgemeinen anthropologischen Problematik der Begründung von Ethik überhaupt.

In Wilhelm Herrmanns Darstellung der Ethik bildet die Aufgabe der Selbstbeherrschung das zentrale Thema. Ausgangspunkt seiner Argumentation war die Tatsache, daß dem Menschen als einem seiner selbst bewußten Wesen wie allen anderen lebendigen Wesen die Selbstbehauptung im Dasein, also die Selbsterhaltung, Thema seines Verhaltens ist,[269] nun aber so, daß es dabei nicht nur um Erhaltung im leiblichen Dasein geht, sondern um die Einheit seines Lebens, die Identität seines Selbstseins.[270] Im zeitlichen Gang eines Lebens muß die Einheit des Selbstseins, das dieses Leben zur Einheit integriert, aber erst noch Gestalt annehmen, und darum stellt sie sich dem darauf gerichteten Wollen als Zweck dar.[271] Von da aus gelangte Herrmann zu seinem Zentralbegriff der Selbstbeherrschung: »Wenn wir wissen, was wir wollen, lassen wir uns nicht durch neue Antriebe aus unserer Bahn werfen. Diese Herrschaft des in einem Zweckgedanken gesammelten Bewußtseins über die Gefühle nennen wir Selbstbeherrschung«.[272] Der Begriff Selbstbeherrschung bezeichnet also die einheitstiftende Wirkung des Zweckes, auf den das Wollen gesammelt ist, im Verhältnis zur Lebensführung.[273] Entsprechend soll sich nach Paulus das neue Leben des Getauften, die Hoffnung auf Teilhabe an dem Auferstehungsleben Jesu Christi, auf seine Lebensführung in diesem gegenwärtigen, sterblichen Leben auswirken: Alles, was wir in diesem Leben tun, soll dem künftigen Leben dienen, alles ihm Hinderliche soll zurücktreten. Im ersten Brief an die Korinther vergleicht der Apostel seine eigene Lebensführung mit der eines Sportlers, dessen Lebensführung ganz auf den Sieg im Wettkampf ausgerichtet ist: »Jeder Wettkämpfer muß sich allerlei Enthaltung auferlegen; die im Stadion, um einen vergänglichen Siegeskranz zu bekommen, wir dagegen einen unvergänglichen« (1. Kor 9,25). Disziplinierung des eigenen Lebens auf das in Christus zu gewinnende Heil hin ist also der Sinn christlicher Askese. Für sie ist Entsagung nicht Selbstzweck, sondern Ausdruck der Unterordnung aller Lebensmomente unter den beherrschenden Zweck unseres Daseins, der unserem Leben Einheit gibt und es ausfüllt. Dieser Zweck ist, wie Jesus es verkündigte und selber gelebt hat, Gott und sein Reich. Dem Reich des Vaters zu dienen, den Menschen sein Kommen und seine Nähe zu bezeugen, war Jesu Sendung und der Gegenstand seines Sohnesgehorsams. So empfängt auch jeder Christ seine besondere Berufung zum Dienst an Gott und seinem Reich, mit der er zugleich anderen Menschen dient auf ihre Bestimmung zur Teilhabe an Gottes Reich hin. Der beherrschende Zweck christlicher Lebensführung ist nicht nur das eigene, private Glück in der Gemeinschaft mit Gott, sondern ist immer bezogen auf andere Menschen im Lichte ihrer Bestimmung zur Teilhabe an der Gottesherrschaft. Dabei ist die christliche Askese nur die Kehrseite der Inanspruchnahme des Lebens durch ein beherrschendes Ziel: Jede Entscheidung für eine Möglichkeit des Lebens schließt das gleichzeitige Ergreifen anderer Möglichkeiten aus. In solcher Weise strukturiert sich die Lebensführung von ihrem beherrschenden Ziel her. Entsagung ist nicht um ihrer selbst willen das zentrale Thema, sondern nur ein begleitendes und somit fast selbstverständlich sich ergebendes Moment der Lebensführung im Zeichen des Dienstes an Gott und den Menschen.

Die der christlichen Lebensführung aufgegebene Herrschaft über die Sünde ist der sachliche Anlaß für die Aufnahme der antiken Tugendlehren in die christliche Ethik gewesen. Bei den Tugenden geht es ja seit der Tugendlehre Platons um die Vervollkommnung der Seele und ihrer Kräfte durch Überwindung ihrer Tendenzen zum Schlechteren. Besonders in der stoischen Ethik ist die Herrschaft des Geistes über die sinnlichen Eindrücke, Ablenkungen und Begierden dann zum zentralen Thema der Tugendlehre geworden. An dieses Thema der Herrschaft des Geistes über die Sinnlichkeit konnte die christliche Ethik sich anschließen. Die Aufgabe christlicher Lebensführung, die in mannigfaltigen Begierden sich äußernde Sünde zu beherrschen, fand sich in Übereinstimmung zwar nicht mit dem Lebensstil der hellenistisch-römischen Kulturwelt, wohl aber mit den Anschauungen der philosophischen Ethik, sei es platonischer oder stoischer Provenienz, ganz im Gegensatz zur Situation des Christentums in der modernen, säkularisierten Kulturwelt, der die Selbstentfaltung jedes einzelnen nach Belieben als der höchste Wert gilt. Während allerdings in der antiken Philosophie, besonders bei den Stoikern, die Weisheit an der Spitze der Tugenden stand, weil alle Tugenden als Formen einer durch Vernunft beherrschten Lebensführung aufzufassen sind, nahm in der konsequenten Durchbildung der christlichen Tugendlehre, wie sie abschließend bei Thomas von Aquin vorliegt, der Glaube diesen Platz ein: Aus dem Glauben gehen Hoffnung und Liebe hervor und aus dieser[274] die Weisheit, deren Erörterung wiederum zur Gerechtigkeit, zur Tapferkeit und zur Mäßigkeit überleitet. Dabei wird jede der Tugenden im Gegensatz zu den entsprechenden Lastern behandelt – der Glaube im Gegensatz zum Unglauben, die Hoffnung im Gegensatz zu

Angst, Verzweiflung und Anmaßung, die Liebe im Gegensatz zu Haß, Trägheit, Neid und Zwietracht, die Weisheit im Gegensatz zu Unklugheit, Nachlässigkeit und jener Klugheit des Fleisches, die nur auf den eigenen Vorteil bedacht ist. Als Gegensätze der Gerechtigkeit werden unangemessene persönliche Bevorzugung, Mord und Körperverletzung, Diebstahl und Raub, ungerechte Anklage und üble Nachrede, Schmähung, Betrug und Ausbeutung behandelt. Als Gegensatz zur Tapferkeit erscheinen Furcht, Feigheit, Ängstlichkeit, aber auch Frechheit, Anmaßung, Ehrgeiz und Ruhmsucht. Als Gegensatz der den Menschen gebotenen Mäßigung schließlich werden die verschiedenen Arten der Ausschweifung und der Maßlosigkeit behandelt, bis hin zu Zorn, Grausamkeit und Hochmut. Allein schon diese Aufzählung zeigt, in welchem Maße und in wie differenzierter Durchführung die klassische christliche Tugendlehre durch den Gesichtspunkt der Beherrschung der entgegenstehenden und in den Lastern sich äußernden Verhaltenstendenzen bestimmt war.

Eine nur auf den Tugendbegriff konzentrierte Ethik wird allerdings dazu neigen, allzu einseitig nur das individuelle Verhalten zu thematisieren, statt die Aufgaben der individuellen Lebensführung auf die objektiven Kulturgüter des Gemeinschaftslebens zu beziehen und von daher zu begründen. Bestenfalls sind die Grundformen des Gemeinschaftslebens bei der Behandlung der einzelnen Tugenden vorausgesetzt, aber ihre Wurzeln sind von daher nicht zugänglich, sondern bedürfen einer breiteren anthropologischen Basis. Ernst Troeltsch hat daher mit Recht im Anschluß an Schleiermacher die grundlegende Bedeutung der objektiven Kulturgüter für die Ethik betont.[275] Dem entspricht in der spezifisch christlichen Ethik die Verbindung des individuellen Heils mit der Zukunft der Gottesherrschaft als Vollendung des Gemeinschaftslebens der Menschen, und zwar so, daß das Heil der Individuen in der Teilhabe an der Gemeinschaft des Gottesreiches besteht. Das neue Leben der Glaubenden, das in der Taufe vorwegnehmend zugeeignet und Ausgangspunkt wird für die christliche Lebensführung, ist also schon verwurzelt in der eschatologischen Zukunft der Menschheit im Reiche Gottes. Die Thematik der Selbstbeherrschung samt den damit verbundenen Anschauungen über Tugenden und Laster muß in einer christlichen Ethik dem Dienst an der Gottesherrschaft und also an den Menschen und ihrer Gemeinschaft im Lichte ihrer Bestimmung zur künftigen Vollendung in der Gemeinschaft mit Gott, untergeordnet bleiben. Seinen weitesten Rahmen hat der von daher bestimmte Dienst am anderen einerseits in der umfassenden Ordnung des menschlichen Zusammenlebens, die ihre vorläufige Gestalt in der politischen Lebensordnung der Staaten hat, andererseits in der Gemeinschaft der Kirche in ihrem Gegenüber zur staatlichen Ordnung. Doch die dem einzelnen nächste Gestalt menschlichen Gemeinschaftslebens, die in der Perspektive christlicher Ethik auch für sich schon auf die Zukunft der Gottesherrschaft bezogen ist und von daher ihre besondere Würde empfängt, ist die Gemeinschaft der Ehe und – damit verbunden – die Familie. Gerade weil Ehe und Familie durch die individualistischen Tendenzen der modernen, säkularisierten Massengesellschaft in hohem Maße für Auflösungserscheinungen anfällig sind, bedürfen sie um so mehr der Aufmerksamkeit der christlichen Ethik und des Eintretens der Kirchen in der politischen Öffentlichkeit.

3. Ehe und Familie[276]

Die Familie ist die älteste Institution menschlichen Gemeinschaftslebens. Ihre Ursprünge im Prozeß der Evolution liegen weit vor der Entstehung des Menschen. Sie beruht wie keine andere Form menschlichen Zusammenlebens auf einer naturalen Basis. Trutz Rendtorff hat das treffend ausgedrückt, indem er die Familie beschrieb als »diejenige soziale Lebensform, bei der immer schon entschieden ist, wer dazugehört«, so daß auch Konflikte zwischen ihren Gliedern die Zugehörigkeit zur Familiengemeinschaft nicht aufheben.[277] In den verschiedenen Kulturen der Menschheit ist die Rechtsgestalt der Familie zwar sehr unterschiedlich ausgeprägt worden (matrilineal oder patrilineal, letzteres häufig mit einer patriarchalischen Rechtsordnung des Familienlebens verbunden). Doch die naturale Basis war dabei immer schon vorgegeben, auch wenn durch Adoption jemand Mitglied einer Familie werden kann, der er nicht durch Abstammung angehört.

Die naturale Fundierung des Familienverbandes bedeutet auch, daß er kein Gegenstand der Ethik ist, sondern zu ihren Voraussetzungen gehört, ebenso wie die Existenz des Menschen überhaupt oder die Verschiedenheit der Geschlechter. Theologische Ethik mag solche Voraussetzungen durch den Begriff der Schöpfungsordnung benennen, darf damit jedoch nicht die Unveränderlichkeit einer ganz bestimmten Gestalt des Familienzusammenhangs festschreiben wollen. Die Verhältnisse zwischen den Familiengliedern sind nämlich sehr wohl Gegenstand unterschiedlicher kultureller Ausformung gewesen, also Gegenstand der Rechtsordnung und ihrer Geschichte, so auch der Ethik. Sie sind im Prinzip wandelbar. Dabei ist jedoch immer zu berücksichtigen, daß die familiären Beziehungen der Ort der primären Sozialisation für die Heranwachsenden sind und daher auch für die Eltern Priorität vor allen andern mitmenschlichen Beziehungen beanspruchen. Das gilt allerdings nur für die sog. Kernfamilie, nicht für den weiteren Familienzusammenhang, der in der modernen Gesellschaft erheblich an Bedeutung für die individuelle Lebensführung verloren hat. Es gilt für die Kernfamilie in gesteigertem Maße in der modernen bürgerlichen Gesellschaft, in der die Kinder infolge der Schrumpfung helfenden Personals in den Haushaltungen nicht mehr dem Kindermädchen überlassen wurden, sondern Gegenstand besonderer Zuwendung vor allem der Mutter selbst geworden sind – ein Prozeß, der im Zusammenhang mit der Berufstätigkeit der Frauen heute teilweise wieder rückläufig wird. Die Kernfamilie ist allerdings nicht nur Ort intimer Geborgenheit, sondern auch die Lebenssphäre, in der es zu besonders empfindlichen Verkürzungen und Beschädigungen der menschlichen Entwicklung der Individuen kommt. Viele neurotische Fehlentwicklungen haben hier ihren Ursprung. Auch wo das nicht oder nicht in nennenswertem Umfang der Fall ist, kann die Emanzipation von der Enge der Familienbindungen für die Heranwachsenden zur Bedingung selbständiger Identitätsbildung werden, und die Intimität familiärer Zusammengehörigkeit kann dann nur auf einer höheren Stufe wechselseitiger Anerkennung bewahrt oder erneuert werden.

Als Ort der primären Sozialisation einer neuen Generation findet die Familie herkömmlicherweise mit Recht besondere Beachtung auf seiten der größeren, politischen Gemeinschaftsbildungen. Der Staat kann die Familie fördern in ihrer Funktion, den Heranwachsenden zur Entwicklung selbständiger Persönlichkeitsbildung zu verhelfen. Totalitären Staaten ist solche personale Selbständigkeit in der Regel unerwünscht gewesen, so daß sie die in den Familien stattfindende Erziehung gleichzuschalten oder aber die Erziehung der Kinder frühzeitig staatlichen Einrichtungen zu übertragen suchten. Ein liberales Verständnis von Staat und Gesellschaft hingegen wird in der Spannung zwischen der innerhalb der Familie und außerhalb ihrer stattfindenden Sozialisation eine positive Chance für die Ausbildung personaler Selbständigkeit erblicken.

Für das christliche Verständnis der Familienordnung ist grundlegend, daß die Ehe Priorität vor dem weiteren Umkreis der Familie genießt als eine Institution eigener Würde, die gerade als solche die Basis und den Rahmen für das Leben der Familie bildet. Solche Vorordnung der Ehe versteht sich nicht von selbst. In vielen Kulturen, gerade auch in Kulturen mit patriarchalischer Familienordnung, sofern sie einerseits den Vater als Haupt der Familie, andererseits die Frau (oder die Frauen) als Eigentum des Familienoberhauptes betrachteten, ist die Ehe umgekehrt als ein untergeordnetes Element der Familie aufgefaßt worden. Eine solche Betrachtungsweise macht sich auch in den gegenwärtigen Diskussionen über die Familienförderung wieder bemerkbar, wenn als *Merkmal* für das Bestehen einer Familie nur das Vorhandensein eines oder mehrerer Erziehungsberechtigter und einer Anzahl von Kindern gilt, so daß nicht nur im traditionellen Sinne unvollständige Familien (mit nur einem Elternteil), sondern auch nichteheliche Lebensgemeinschaften mit Kindern, alleinerziehende Elternteile mit nichtehelichen Kindern als Familien im vollen Sinne des Wortes gelten. Es ist nicht erstaunlich, daß sich dann auch die Frage erhebt, ob nicht auch homosexuelle Lebensgemeinschaften, wenn Kinder adoptiert werden, als Familien zu beurteilen und zu behandeln sind.

In christlicher Sicht ist – wie gesagt – die Ehe, und zwar die monogame Ehe, grundlegend für die Gemeinschaft der Familie. Nach dem Worte Jesu Mk 10,6–9 ist die geschlechtliche Differenzierung der menschlichen Existenz von der Schöpfung her auf die eheliche Gemeinschaft von Mann und Frau angelegt, so daß diese Gemeinschaft auch als unauflöslich zu betrachten ist: »Was Gott zusammengefügt hat, soll ein Mensch nicht scheiden« (Mk 10,9). Schon nach dem jahwistischen Schöpfungsbericht kommt in der geschlechtlichen Differenzierung menschlicher Existenz das Angelegtsein auf gegenseitige Ergänzung zum Ausdruck (Gen 2,18 und 2,23f.). Das Wort Jesu sieht diese gegenseitige Ergänzung in der Ehe realisiert. Warum aber wird damit der Grundsatz der Unauflöslichkeit verbunden? Steht dabei die auf die Prophetie (Hos 1f.) zurückgehende Parallelisierung von Ehebund und Gottesbund im Hintergrund? Sie könnte erklären, daß Eph 5,29ff. die eheliche Gemeinschaft von Mann und Frau typologisch auf das in der Beziehung Jesu Christi zu seiner Kirche vollendete Bundeshandeln Gottes bezogen wird.

Für unser heutiges Verständnis kommt in der Unauflöslichkeit der Ehe außerdem die auf das Ganze der Lebensführung gerichtete Aufgabe der Identitätsbildung des Menschen zum Ausdruck, also die Personalität des Menschen, deren mitmenschlicher Sinn in der Unverbrüchlichkeit der ehelichen Gemeinschaft von Mann und Frau konkrete Gestalt findet. In jedem Fall verbietet es dieses christliche Verständnis der Ehe, sie in irgendeiner Hinsicht zu instrumentalisieren: Weder hat die Ehe ihren Sinn lediglich in der Erzeugung von Nachkommenschaft, – wie es immerhin in der Geschichte der christlichen Ehelehre lange behauptet worden ist, – noch auch in der Selbstverwirklichung der Individuen, die eine Ehe eingehen. Die Ehe als »soziale Lebensform individueller Personalität« trägt vielmehr »ihren ›Zweck‹ in sich selbst«.[278] Sie vermittelt dem einzelnen »Anteil an einer Lebensform ..., die keiner für sich alleine und für sich selbst realisieren kann. Die Ehe eröffnet eine Erweiterung des Lebens, zu der niemand von sich selbst her und alleine fähig ist, die vielmehr dem Menschen als Mann und Frau erst durch diese Lebensgemeinschaft gegeben wird. Insofern ist die Ehe eine Steigerung der Personalität und Individualität des Menschen über sein Selbstkönnen hinaus«.[279] Daran ändert auch die Tatsache nichts, daß in der Realität des gesellschaftlichen Lebens so viele Ehen scheitern. Vielmehr bleibt, wie Helmut Schelsky 1955 geschrieben hat, »*die Vereinigung der christlichen Erlösungsreligion* mit den Prinzipien der *strengen Einehe* ... trotz aller statistischen und psychologischen Nachweise über die Seltenheit und Unwahrscheinlichkeit ihrer Verwirklichung als letzter Anspruch an das Verhältnis zwischen Mann und Frau in unserer Kultur unverlierbar ».[280]

Das verbreitete Scheitern von Ehen begründet allerdings die Notwendigkeit von psychologischer und pastoraler Eheberatung, sowie von ethischer Reflexion. Dabei ist u.a. dreierlei zu berücksichtigen: *Erstens* ist zu beachten, daß eine Ehe zwar ihren Ausgangspunkt in der erotischen Anziehung zwischen den Menschen haben sollte, die eine Ehe eingehen, jedoch nicht auf die Dauer aus der Kraft dieses ersten Impulses bestehen kann. Die romantische Forderung, eine Ehe sollte auf Liebe gründen, ist nur bedingt richtig. Sie hatte ihr Recht gegenüber der älteren Praxis, daß junge Menschen durch ihre Eltern oder durch die Sippenhäupter zur Verbindung miteinander bestimmt wurden, ohne viel nach ihrer Neigung gefragt zu werden, eine in den sozialen Verhältnissen tief verwurzelte und zählebige Praxis, der jedoch schon in der mittelalterlichen Kirche das Erfordernis des Ehekonsenses entgegenstand. Der freie Entschluß eines Mannes und einer Frau, für die Dauer ihres ganzen Lebens eine unverbrüchliche Gemeinschaft einzugehen, ist unerläßliche Voraussetzung für die Ehe. Aber die momentane Gewalt der Leidenschaft verbürgt nicht ohne weiteres ihre Dauer. Vielmehr muß sich die wechselseitige Zuneigung immer wieder erneuern aus einem Bewußtsein der Zusammengehörigkeit, das in den Tiefen personaler Existenz begründet ist und in der Ehe unter Christen seine Basis im gemeinsamen Glauben an Gott hat. Darum gilt *zweitens*, daß die eheliche Verbundenheit nie als etwas Selbstverständliches betrachtet werden darf, sondern der ständigen Aufmerksamkeit und Pflege bedarf, und zwar von beiden Seiten. Dabei ist *drittens* die biblische Aufforderung, daß die Eheleute sich gegenseitig einander unterordnen sollen (Eph 5,21ff.) von großer Bedeutung für den Bestand einer Ehe als einer nicht nur rechtskräftigen Gemeinschaft, sondern einer Liebesgemeinschaft. Der Gesichtspunkt der wechselseitigen Unterordnung hat der christlichen Ehe ihren partnerschaftlichen Charakter gegeben, lange bevor dieses Stichwort zu einem Modebegriff wurde. Für die Rechtsform der Ehe setzte sich dieser Gesichtspunkt allerdings erst in neuerer Zeit durch. Immerhin hat hier bereits das Verbot der einseitigen Ehescheidung (von seiten des Mannes) im Christentum einen Durchbruch gebracht im Sinne einer Festigung der Stellung der Frau, ergänzt durch das Erfordernis des Ehekonsenses und die Beseitigung des Rechts des Familienoberhaupts *(pater familias)* zur Entscheidung über Leben und Tod der Sippenangehörigen. Mit alledem hörte die Frau auf, rechtlich ein Stück Besitztum des Mannes zu sein, so daß der biblische Gedanke des freien persönlichen Gegenübers von Mann und Frau in der Ehe zu deutlicher Ausprägung gelangte.

Die eheliche Gemeinschaft ist nie die einzige Form sexueller Betätigung gewesen. Aber in einer christlich ethischen Beurteilung muß sie die Norm zur Beurteilung aller anderen Formen sexuellen Verhaltens sein. Das gilt für die außerehelichen Beziehungen ebenso wie für die vorehelichen und für den Bereich abweichender sexueller Verhaltensweisen wie die Homosexualität. Der Grund für die Normativität der Ehe ist die Verbindung der sexuellen Differenzierung menschlicher Existenz mit der Personalität des Menschen, die in der dauerhaften, das ganze Leben beanspruchenden Gemeinschaft von Mann und Frau in der Ehe ihren Ausdruck findet. In vielen Formen außerehelicher Beziehungen ist die Sehnsucht nach einer solchen Gemeinschaft wirksam, oft auf dem Hintergrund einer mißlungenen Ehe. Aber nur in der Ehe ist sie wirklich erreichbar. Wo die Bezogenheit des sexuellen Verhaltens auf die Ehe als Ziel oder Norm verblaßt, da schwindet auch die personale Tiefe aus den anderen Formen sexueller Beziehungen. Christliche Ethik wird sich darum dafür einsetzen, daß der Unterschied zwischen Norm und normabweichendem Verhalten nicht nur im Bewußtsein der Kirche, sondern auch im staatlichen Recht aufrechterhalten und nicht verdrängt wird durch unangebrachte Vorstellungen von einer Gleichwertigkeit aller Formen von Selbstentfaltung der individuellen Persönlichkeit, so daß über deren Inhalt nur der betreffenden Person selber ein Urteil der Bewertung zustünde. Der persönlichen Entscheidung des einzelnen sind Normen des guten Lebens vorgegeben, die nicht selber erst durch individuelle Stellungnahmen begründet werden. Das bedeutet nicht, daß Menschen, deren Verhalten von der Norm abweicht, verurteilt werden dürfen. Eher muß ihnen das Mitgefühl der übrigen gelten ebenso wie den Menschen, deren Ehen gescheitert sind oder die im Gefängnis erkalteter Ehen leben, aus denen der Geist der Liebe geschwunden ist.

Schließlich ist die Ehe nicht die einzige Gestalt, in der die personale Bestimmung des Menschen realisiert werden kann. Letzteres gilt nur für die Gemeinschaft mit Gott, zu der jeder Mensch bestimmt ist und aus der jedes menschliche Leben seine Würde hat. Menschen können vor Gott als Personen existieren, ohne eine Ehe einzugehen, und sie können durch den gegenseitigen Terror, der in einer mißglückten oder scheiternden Ehe herrscht, daran gehindert werden, ihrer Bestimmung für Gott zu leben. Man kann auf die Ehe bewußt verzichten, so wie wir Menschen auf vieles verzichten, um anderes zu erreichen, – was übrigens der einzig vernünftige und ganz unverkrampfte Sinn von Askese ist. Ethischen Wert hat allerdings nicht der Verzicht auf die Ehe um der Ungebundenheit beim Eingehen wechselnder sexueller Beziehungen willen. Die Ehelosigkeit hat in der christlichen Tradition und auch nach der Lehre der Reformation[281] ethischen Wert nur insofern sie Ausdruck dafür ist, daß die sexuelle Betätigung überhaupt nicht als unerläßlich für eine vollmenschliche Lebensführung gelten darf. Auch die Ehe ist nur ein Zeichen der personalen Bestimmung des Menschen zur Gemeinschaft mit Gott, ein Zeichen, in welchem diese Bestimmung aber im Zusammenleben der Menschen faktisch Gestalt annimmt oder doch annehmen kann.

Der Schluß dieses Abschnitts muß noch einmal zum Verhältnis von Ehe und Familie zurückkehren. Daß die Ehe als personale Lebensgemeinschaft von Mann und Frau Priorität und eigene Würde hat im

Verhältnis zur Familie, das begründet gerade ihre Bedeutung für die Gemeinschaft der Familie: Eine Familie, die sich um eine christliche Ehe herum bildet, wird durch den Geist der gegenseitigen Zuwendung geprägt sein, der das Verhältnis der Eltern untereinander bestimmt. Die Kinder wachsen dann in der dadurch bestimmten Atmosphäre auf, die die Freiheit auch ihrer Entwicklung fördert im Sinne der Gegenseitigkeit der Liebe, die nach den Weisungen der neutestamentlichen Paraklese auch die Beziehungen zwischen Eltern und Kindern bestimmen soll. Dabei ist in einer christlichen Ethik des Familienlebens schließlich noch zu bedenken, daß die Familie auch der Ort der primären religiösen Sozialisation ist. Gerade die Reformation hat die Bedeutung der Familiengemeinschaft als Ort gottesdienstlichen Lebens durch gemeinsames Lesen der Schrift, Gebet und Singen eingeschärft. Die Familie ist so der soziologische Ort, an dem die geistliche Kompetenz des einzelnen Christen im Sinne der reformatorischen Lehre vom allgemeinen Priestertum der Gläubigen herangebildet wird. Die Krise des Protestantismus in der Gegenwart hängt auch damit zusammen, daß in den Familien nicht mehr täglich die Schrift gelesen, sowie morgens und abends und zu den Mahlzeiten zu Tisch gebetet wird. Das gottesdienstliche Leben in den Familien ist in der Geschichte des Protestantismus die Basis für die geistliche Selbständigkeit der Laien in der Kirche gewesen. Die Pflege gottesdienstlichen Lebens im Familienzusammenhang befähigt dazu, auch einmal schlechte Predigten zu überstehen, ohne gleich am Glauben verzweifeln zu müssen, und sie bringt den Kindern nahe, daß die Eltern gemeinsam und jeder für sich eine Instanz über sich anerkennen, über der elterlichen Autorität, vor der die Eltern sich und alle Glieder der Familie verantwortlich wissen, vor der sie auch Schranken ihrer Fähigkeiten und Leistungen, sowie eigenes Versagen einräumen können. Für die Entwicklung der Kinder zu persönlicher Selbständigkeit sind solche Erfahrungen nicht ohne Bedeutung, und sie werden um so wertvoller sein, je weniger sie verbunden sind mit der Enge einer gezwungenen Frömmigkeit, aus der die Heranwachsenden dann so schnell wie möglich in die wirklich oder vermeintlich freiere Luft der weiten Welt entfliehen. Doch auch im besten Fall darf die Familie ihre Glieder nicht in den Grenzen ihrer Gemeinschaft festhalten. Die Ehe ist eine auf das ganze Leben angelegte, ihrem Wesen nach unauflösliche Gemeinschaft. Die Familie ist das nicht. Ihre Glieder müssen sich gegenseitig für die Selbständigkeit des je eigenen Weges freigeben. Das gilt in erster Linie für das Verhältnis der Eltern zu den Kindern, die sie nicht auf Dauer an sich binden und von der Welt abschirmen dürfen. Es gilt aber auch für die Kinder, besonders für die erwachsen gewordenen Kinder im Verhältnis zu ihren Eltern. Gerade die Kernfamilie hat im Unterschied zur Ehe etwas Transitorisches: Für wenige Jahre stehen die Kinder und damit auch die Familiengemeinschaft im Mittelpunkt. Dann müssen die Wege auseinandergehen. Dem entspricht, daß nach der biblischen Überlieferung der an den einzelnen ergehende Ruf Gottes ihn seit Abraham (Gen 12,1) oft herauslöst aus dem Familienzusammenhang und in die Vereinzelung seiner Lebensführung vor Gott verweist.[282]

4. Christliches Handeln im säkularen Staat

Man kann staatliche Ordnung als eine den Interessen des einzelnen weitgehend fremde Herrschaftsordnung betrachten, auf die der einzelne Bürger meist wenig Einfluß nehmen kann und der er darum gleichgültig oder auch mit dem Gefühl des Unterdrücktseins gegenübersteht. Das ist besonders bei allen Formen der Fremdherrschaft der Fall. Dagegen macht es die Stärke der Nationalstaaten aus, daß Menschen lieber von ihresgleichen als von Fremden regiert werden. Wichtiger noch ist das Gefühl, daß die Ausübung staatlicher Herrschaft nach Regeln der Gerechtigkeit erfolgt. Angesichts einander widerstreitender Rechtsansprüche der Menschen sind Zustände selten, die von allen oder fast allen als gerecht empfunden werden. Doch damit die Bürger in innerem Frieden mit ihrem Staat leben können, ist es nötig, daß die Verhältnisse als überwiegend gerecht anerkannt werden können. Ohne Gesetz und Ordnung ist kein Zusammenleben von Menschen möglich, und darum ist in der Regel ein zwar in mancher Hinsicht unbefriedigender, aber geordneter und durch die Macht des Staates garantierter Zustand immer noch bei weitem einem Zustand der Gesetzlosigkeit, der Anomie, vorzuziehen.

Gehört die Entstehung von politischer Ordnung und die Ausbildung von politischen Herrschaftsformen zur Natur des Menschen? Aristoteles hat diese Frage bejaht: Der Mensch ist ein seiner Natur nach politisches Lebewesen *(zoon politikon)*,[283] nämlich ein auf Gemeinschaft mit andern seinesgleichen angelegtes Lebewesen, das die volle Realisierung dieser seiner sozialen Anlage erst im Staate findet, weil menschliche Gemeinschaftsbildung erst im Staate zu voller Selbständigkeit (Autarkie) gelangt.[284] Diese Auffassung ist im Grundsätzlichen nicht von der Tatsache abhängig, daß Aristoteles in erster Linie die Stadtstaaten der Griechen vor Augen hatte, im Unterschied zu den Flächenstaaten der hellenistischen und römischen Zeit, sowie auch des Mittelalters und der Moderne. Entscheidend ist das Kriterium der erst bei einer bestimmten Größe der Gemeinschaft erreichten Autarkie.

Die Gegenposition zu Aristoteles, aber auch zu Platon, wird überall da verfochten, wo politische Herrschaft als ihrem Wesen nach repressiv gilt.[285] Dabei wird nicht bestritten, daß Menschen ihrer Natur nach auf Gemeinschaft angelegt sind, aber die der menschlichen Natur entsprechenden Gemeinschaftsformen werden als zwanglos sich herausbildend vorgestellt, während staatliche Herrschaft als gekennzeichnet durch Zwangsgewalt gilt.[286] Dabei unterscheiden sich die Auffassungen weiter durch ihr Urteil über die Frage, ob staatliche Repression als unvermeidlich anzuerkennen ist, wenn die Gemeinschaftsordnung bewahrt werden soll, oder ob diese Annahme abgelehnt wird. Die grundsätzliche Ablehnung jeder staatlichen Repression ist offenbar dann berechtigt, wenn die Menschen als von Natur gutartig zu betrachten sind und sich auch ohne staatliche Gewalt miteinander arrangieren würden. Als unerläßlich hingegen wird staatliche Repression dann gelten, wenn die Übergriffe der Bösen gegen die Guten, oder der Starken gegen die Schwachen, eine übergeordnete Instanz erfordern, die die Bösen bestraft und die Guten ermutigt, also für die Aufrechterhaltung der Rechtsordnung sorgt.

Die Gegensätze in der Beurteilung staatlicher Ordnung aus dem Blickwinkel unterschiedlicher Auffassungen von der menschlichen Natur spiegeln sich in der evangelischen Staatsethik bei der Erörterung der Frage, ob der Staat als *Schöpfungsordnung* oder als *Erhaltungsordnung* zu beurteilen sei: Als Schöpfungsordnung aufgefaßt wäre der Staat als Realisierung der in der Natur des Menschen begründeten Anlage auf Gemeinschaft hin zu beurteilen, allerdings für den Christen nicht im Sinne des aristotelischen Autarkiegedankens, weil der Mensch für den christlichen Glauben erst im Verhältnis zu Gott zu seiner Bestimmung findet. Dennoch sollte die christliche Würdigung der anthropologischen Deutung des Staates darin mit Aristoteles übereinstimmen, daß die Gemeinschaft als konstitutiv für die Identität des Individuums zu betrachten ist, im Gegensatz zur liberalen Gesellschaftstheorie.[287] Die grundlegende Bedeutung der Gemeinschaft für die Identität des Individuums hat ihre primäre Gestalt in der Familie, die aber ihrerseits auf den Halt in der größeren Gemeinschaft des Volkes und seiner politischen Organisation angewiesen ist. So gesehen ist der Staat die jeder größeren Gemeinschaft ihre konkrete Gestalt gebende Ordnungsform. Steht hingegen der Gesichtspunkt der staatlichen Repression im Vordergrund der Vorstellung von der Funktion des Staates, dann neigt man dazu, ihn theologisch als Erhaltungsordnung aufzufassen, nämlich als eine nicht schon in der ursprünglichen Schöpfungsabsicht Gottes mit dem Menschen begründete Einrichtung zur Begrenzung der zerstörerischen Folgen der Sünde im Zusammenleben der Menschen.[288]

Luthers Lehre von der Aufgabe weltlicher Obrigkeit, daß ihr nämlich »das weltlich Schwert und Recht« anvertraut sind »zur Straff der Bösen und zum Schutz der Frommen«,[289] steht zweifellos auf der Seite der Auffassung des Staates als Erhaltungsordnung zur Eingrenzung der Sünde und ihrer Folgen. Die Fürsten als »Gottes Stockmeister und Henker« werden gebraucht »zu strafen die Bösen und äußerlichen Fried zu halten«.[290] Luther hat sich für diese Auffassung von der Aufgabe des Staates mit Recht auf biblische Aussagen wie 1. Pt 2,14 und Röm 13,3f. berufen. Allerdings geht es in diesen Aussagen nicht darum, einen vollständigen Begriff vom Wesen des Staates zu vermitteln.[291] Zunächst handelt es sich in beiden Texten »genau genommen« um »die Machthaber, die für Ordnung und Recht sorgen sollen«, nicht um den Staat als solchen.[292] Zweitens beziehen sich die Mahnungen zur »Unterordnung« unter die bestehenden Machtverhältnisse[293] speziell auf das Verhalten der Christen zu den Behörden des heidnischen römischen Staates: Auch im Falle einer staatlichen Ordnung, der die Christen mit innerer Distanz gegenüberstehen, gilt noch, daß ihre Rechtsordnung die Guten schützt und die Bösen straft und deshalb in dieser Funktion dem Willen des wahren Gottes dient.

Bei den neutestamentlichen Mahnungen zur Einordnung der Christen in die bestehende Rechtsordnung ist das Verhältnis von Staat und Religion nicht thematisch. Wo angesichts des sich entwickelnden römischen Kaiserkultes diese Thematik für das Urchristentum in den Blick kam, da finden sich scharf ablehnende Urteile (Apk 12,18–13,18). In ihrem Licht wird die begrenzte Relevanz der Ermahnungen von Röm 13,3f., 1. Pt 2,14 u.a. zum Gesetzesgehorsam für die Frage nach der christlichen Würdigung der römischen Staatlichkeit deutlich. Immerhin aber hat es in der Folgezeit neben der von Apk 13 ausgehenden Traditionslinie christlicher Urteilsbildung über das römische Imperium auch die vor allem von Origenes – der später selber Märtyrer werden sollte – vorbereitete Sicht einer providentiellen Konvergenz und Entsprechung zwischen der durch Augustus begründeten irdischen Friedensordnung des römischen Imperiums und dem Friedensreich Christi gegeben. Diese Sicht führte nach der konstantinischen Wende dazu, daß das Christentum seinerseits als religiöse Basis der staatlichen Ordnung begriffen werden konnte.[294]

In der Kulturgeschichte der Menschheit sind staatliche Ordnung und politische Herrschaft fast immer auf Religion begründet worden. Nur so war der Eindruck zu vermeiden, daß die Herrschaft von Menschen über Menschen und ihre Ausübung der Willkür der Herrschenden freien Raum gibt. Dem wurde die Vorstellung einer Korrespondenz zwischen gesellschaftlicher und kosmischer Ordnung entgegengesetzt. Dem Herrscher fiel die Funktion der irdischen Repräsentation dieser kosmischen Ordnung bzw. der sie regierenden göttlichen Mächte zu.[295] Darin ist auch die Funktion des Herrschers für die Wahrung von Recht und Gerechtigkeit begründet, die bei den neutestamentlichen Aussagen über das Verhältnis der Christen zum Staat im Vordergrund des Interesses steht. Die theokratische Begründung politischer Herrschaft erlaubte in den alten Kulturen weitgehenden Verzicht auf staatliche Repression, weil Bürger und Herrscher im Glauben und in der Bindung an eine über beiden stehende Autorität miteinander verbunden waren.

Für die Verhältnisbestimmung von Religion und politischer Herrschaft in der Geschichte des Christentums wurde die Institutionalisierung der Differenz zwischen Staat und Kirche, zwischen weltlicher und geistlicher Gewalt, charakteristisch. Sie ist Ausdruck des christlichen eschatologischen Bewußtseins mit seiner Unterscheidung zwischen der Endgültigkeit des kommenden Gottesreiches und der Vorläufigkeit aller gegenwärtigen gesellschaftlichen Ordnung.[296] Diese Unterscheidung ermöglichte im Urchristentum die positive Beurteilung der Rechtsordnung des heidnischen Imperiums und ihrer Wahrung durch dessen Amtsträger. Element der politischen Ordnung selber wurde sie jedoch erst durch die Erneuerung des Imperiums auf der Grundlage des christlichen Bekenntnisses. Die Säkularität der staatlichen Ordnung ist also ursprünglich als Produkt und Ausdruck einer spezifisch christlichen Begründung des Gesellschaftssystems im ganzen zu würdigen. Auch Luthers Unterscheidung und Zuordnung von weltlichem und geistlichem Regiment steht in der dadurch begründeten Tradition, obwohl Luther sich von dieser Voraussetzung kaum noch ausdrücklich Rechenschaft gegeben hat, sondern zumindest in gelegentlichen Äußerungen eine interkulturelle Gültigkeit jener Unterscheidung voraussetzte.

Die Säkularität der Rechtsordnung und der Staatsgewalt, sowie anderer Bereiche der öffentlichen Kultur, kann auf dem Boden des Christentums niemals Unabhängigkeit von den Geboten Gottes und von der verborgenen Herrschaft Christi bedeuten, dem der Gottesdienst der Kirche gewidmet ist. Die Säkularität des Staates und seiner Ordnung ist vielmehr begründet im eschatologischen Charakter der Herrschaft Christi, also in der Vorläufigkeit der staatlichen Ordnung im Verhältnis zur Zukunft des wiederkommenden Christus. Im Gegensatz dazu ist die moderne säkulare Gesellschaft durch ihre im Verlauf der neuzeitlichen Geschichte zunehmende Emanzipation vom Boden des Christentums gekennzeichnet. Verstand sie sich zunächst nur als neutral gegenüber den konfessionell gegensätzlichen Kirchenlehren, so wurde sie zunehmend indifferent auch gegenüber dem Christentum als solchen. Das zweite folgt nicht notwendig aus dem ersten: Neutralität gegenüber den Differenzen der Kirchen kann sehr wohl verbunden sein mit einem Bewußtsein der christlichen Prägung der kulturellen Tradition, in der der moderne Staat selber seine Wurzeln hat, sowie mit dem Bemühen um Bewahrung dieser seiner kulturellen Identität. Die Neutralität gegenüber den konfessionellen Ausprägungen des Christentums kann außerdem selber Ausdruck einer christlich bestimmten Motivation sein: Sie kann im Dienste der Förderung der Glaubensfreiheit stehen.[297] Aber der Säkularismus des modernen Staates und der modernen öffentlichen Kultur ist längst Ausdruck einer Gleichgültigkeit gegenüber aller Religion und insbesondere gegenüber der eigenen christlichen Herkunft. Religion und Christentum gelten nur noch als Privatsache der einzelnen Bürger, wenn auch faktisch das christliche Bekenntnis einen Großteil der Bevölkerung verbindet. Trotz dieser für die kulturelle Gemeinschaft der Bevölkerung wichtigen Funktion wird das Christentum kaum noch als Bestandteil der kulturellen Basis der staatlichen Ordnung und damit auch der kulturellen Identität des Staates politisch gewürdigt.

Für die Einstellung der Christen zum modernen säkularen Staat und für ihre Beteiligung an seinen Einrichtungen ist Klarheit über sein Verhältnis zum Christentum wichtig. Zwar sind Christen auch in Staaten, die wie das heidnische Rom zur Zeit der frühen Christenheit auf

Grundlagen beruhen, die dem christlichen Glauben fremd sind, zum Gehorsam gegen die gesetzliche Ordnung verpflichtet. Ob sich die Christen aber darüber hinaus mit der Form des Staates und seiner Verfassung innerlich identifizieren können, hängt von zusätzlichen Bedingungen ab: einmal davon, ob und inwieweit die Verfassung des Staates Verwandtschaft mit dem christlichen Verständnis des Menschen erkennen läßt, zum andern davon, inwieweit sie der christlichen Botschaft und dem Leben der Kirche Raum bietet, und drittens davon, ob sie in christlicher Sicht den Vorzug vor alternativen politischen Ordnungsmodellen verdient. Bei Anwendung dieser drei Kriterien ergeben sich unterschiedliche Grade der Nähe eines politischen Ordnungsmodells zum christlichen Glauben und der Zustimmungsfähigkeit der staatlichen Ordnung aus christlicher Sicht.

Der moderne säkulare Staat stellt sich vorwiegend als repräsentative, parlamentarische Demokratie dar, in einigen Fällen auch als konstitutionelle Monarchie auf der Basis einer im übrigen demokratischen Ordnung des öffentlichen Lebens. Was nun die Nähe zum christlichen Glauben angeht, so ist das Christentum von sich aus weder auf eine monarchische oder aristokratisch-oligarchische, noch auf eine demokratische Staatsform festgelegt.[298] Die Christenheit hat durch viele Jahrhunderte in monarchisch regierten Staaten gelebt, die ihre Autorität ausdrücklich von dem Gott des christlichen Glaubens herleiteten und sich damit auch christlichen Maßstäben für die Beurteilung ihrer Regierungspraxis und ihrer gesetzlichen Ordnung unterstellten. Auch in den Anfängen des neuzeitlichen demokratischen Verfassungsstaates hat man sich ausdrücklich auf christliche Prinzipien berufen, insbesondere auf den reformatorischen Gedanken der christlichen Freiheit. Gerade beim Freiheitsgedanken, der für das politische Leben und Denken der Neuzeit so fundamentale Bedeutung erlangen sollte, hat allerdings bald, nämlich schon bei John Locke, eine Verschiebung zu einer naturrechtlichen Begründung hin stattgefunden,[299] und die Deutung der Freiheit als Entfaltung der Persönlichkeit nach eigener Wahl hat die Orientierung der Freiheit am Zielbegriff des Guten – und damit auch den Zusammenhang mit dem neutestamentlichen Verständnis der Freiheit durch Bindung an die Wahrheit, die von der Sünde befreit (Joh 8,32ff.) – hinter sich gelassen. Damit sind in der Lebenswirklichkeit der demokratischen Gesellschaft zunehmend auch die in der deutschen Verfassung noch aufgeführten Schranken der beliebigen Betätigung solcher Freiheit weitgehend unwirksam geworden, nämlich der

Begriff des Sittengesetzes und die Rücksichtnahme auf die Rechte anderer, es sei denn, sie sind durch die staatliche Rechtsordnung geschützt. Diese letztere Schranke allein ist heute noch voll intakt. Der naturrechtlichen Begründung des Freiheitsgedankens steht die christliche Überzeugung entgegen, daß die Menschen gerade nicht von Natur aus frei sind, sondern der Befreiung zu wahrer Freiheit durch den Sohn bedürfen. Christen glauben zwar, daß die Menschen von der Schöpfung her zur Freiheit (in der Gemeinschaft mit Gott) berufen sind, sowie auch zur Gleichheit vor Gott trotz aller zwischen ihnen faktisch bestehenden Ungleichheiten. Aber diese Überzeugungen dekken sich nur teilweise mit den naturrechtlich begründeten Gedanken der Freiheit und Gleichheit aller Menschen in den modernen Demokratien und ihrer Inanspruchnahme für die gesellschaftliche Gegenwart.[300]

Die deutlichste Übereinstimmung zwischen den Ideen der modernen Demokratie und dem christlichen Menschenbild ist durch den Rechtsgrundsatz der Unantastbarkeit der Menschenwürde gegeben. Er hat seine historische Wurzel im biblischen Gedanken der Gottebenbildlichkeit des Menschen, aus der die Unantastbarkeit des menschlichen Lebens folgt (Gen 9,6),[301] und diese Begründung läßt sich nicht ersetzen durch den Rekurs auf die Würde des Menschen als Vernunftwesen:[302] Die Vorstellung einer spezifischen Würde ist zwar schon von Cicero mit der Vernunftnatur des Menschen verbunden worden, aber nicht in solchem Sinne, daß aus ihr die Unantastbarkeit des individuellen Lebens folgen würde. Letztere ist erst durch die christliche Verknüpfung der Gottebenbildlichkeit des Menschen mit dem Begriff der Menschenwürde zu dessen Inhaltsmoment geworden, und zwar zu demjenigen Inhaltsmoment, das für die rechtliche Relevanz des Begriffs entscheidend ist. Angesichts der weitreichenden Konsequenzen dieses Begriffs der Menschenwürde werden Christen als Bürger moderner Demokratien sich ganz besonders für das Festhalten an der Überordnung dieses Verfassungsgrundsatzes über alle andern Verfassungsnormen und für die Interpretation der übrigen Grundrechte von diesem Maßstab her einsetzen.

Es gibt neben den erwähnten noch mancherlei andere Inhalte des modernen demokratischen Verfassungsrechts, die sich mit Vorstellungen christlichen Ursprungs berühren. Dabei ist neben den Grundsätzen zum Schutz der Ehe und der Familie[303] vor allem das Prinzip der Rechtsstaatlichkeit selber hervorzuheben, das auf der Teilung der Gewalten von Legislative, Exekutive und Judikative beruht und sich in der Unabhängigkeit der Gerichte von politischer Einflußnahme äußert. Letzteres entspricht der christlichen Überzeugung, daß keiner einzelnen menschlichen Instanz umfassende Souveränität zukommt. Auch wenn das Recht des säkularen Staates nicht in allen Punkten den Maßstäben des biblischen Gottesrechts entspricht, gibt es doch weite Bereiche der Übereinstimmung zwischen der Herrschaft des Rechts im modernen Rechtsstaat und dem Rechtswillen des Gottes der Bibel.[304]

Andere Elemente der modernen Demokratie stehen dem christlichen Glauben weniger nahe. Dazu gehört mit an erster Stelle der Gedanke der Volkssouveränität. Er ist dem christlichen Glauben fremd, weil für ihn die Souveränität letztlich Gott und nicht dem Volke zusteht. Historisch gesehen hat in der Neuzeit der Gedanke der Volkssouveränität den der Souveränität Gottes verdrängt und ist an die Stelle der letzteren getreten oder sogar mit ihr gleichgesetzt worden.[305] In manchen modernen Verfassungen wird allerdings die Volkssouveränität eingeschränkt durch die Betonung der Verantwortung des Verfassungsgebers nicht nur vor dem Volk, sondern an erster Stelle vor Gott. Auch die Gesamtheit eines Volkes kann irren, und das gilt noch mehr für den Mehrheitswillen, in welchem die Volkssouveränität sich konkret äußert. Auch hier gibt es jedoch im säkularen Rechtsstaat eine wichtige Einschränkung durch die Bindung der Mehrheitsherrschaft an den Maßstab des Gemeinwohls, das aber wiederum in erster Linie von der herrschenden Mehrheit definiert wird, wenn auch nicht ohne das Gegengewicht der öffentlichen Meinung. Die öffentliche Meinung äußert sich als veröffentlichte Meinung aber überwiegend durch privilegierte Wortführer, die häufig ihre privaten Gesichtspunkte in ihre Meinungsäußerung einfließen lassen. Die Vorstellung der Volksherrschaft als solche gehört selber zu den kritikbedürftigen Zügen des modernen demokratischen Verfassungsstaates. Die Kritik wird durch den ideologischen Charakter dieser Vorstellung herausgefordert: In der Realität herrscht nämlich nicht das Volk, sondern Individuen üben die Regierung aus, wobei sie sich als Repräsentanten des Volkes verstehen. Auch wenn es sich bei diesen Personen um gewählte Vertreter des Volkes handelt, wird die Vorauswahl der Kandidaten doch nicht vom Volk, sondern von den politischen Parteien getroffen, zwischen deren Kandidaten dann das Volk eine durch die Vorauswahl eingeschränkte Entscheidung trifft. Der Einfluß der politischen Parteien und ihrer Führungshierarchien hat zur Folge, daß die gewählten Repräsentanten fast ausnahmslos Mitglieder dieser Parteien und Berufspolitiker sind, in bemerkenswertem Gegensatz zur Idee der Demokratie. In der Praxis folgen sie zumeist der Linie der Partei, der sie ihre Kandidatur verdanken, und nicht einem davon abweichendem Urteil über die Erfordernisse des Gemeinwohls. Eine Änderung dieses Sachverhalts, der die modernen Demokratien faktisch als oligarchische Herrschaftssysteme mit plebiszitären Komponenten erscheinen läßt, wäre wohl nur dann vorstellbar, wenn die Parteien, die bei der politischen Willensbildung »mitwirken«,[306] nicht auch gleichzeitig die Kandidaten für die Wahl aus ihren eigenen Reihen aufstellen würden.

Immerhin bietet der demokratische Verfassungsstaat durch das Prinzip der Volkswahl die Möglichkeit eines friedlichen Regierungswechsels und den Bürgern die Gelegenheit, durch Ausübung des Wahlrechts auf einen solchen Wechsel hinzuwirken oder auch ihn zu verhindern. Das unterscheidet den modernen demokratischen Verfassungsstaat von den meisten anderen politischen Verfassungen. Die Auswirkungen sind beträchtlich, obwohl der einzelne Bürger durch das Wahlrecht nur wenig Einfluß auf die politischen Verhältnisse hat. Die wohl wichtigste Wirkung festgesetzter Wahlperioden ist, daß die regierenden Parteien sich durch ihre Regierungspraxis darum bemühen müssen, möglichst viele Bürger von den Grundsätzen ihres politischen Handelns und von den Fähigkeiten der Amtsinhaber zu überzeugen im Medium einer öffentlichen Diskussion, die den politischen Gegenspielern die Möglichkeit gibt, die Schwachstellen der amtierenden Regierung aufzudecken. Die Kürze der Wahlperioden mit dem Zwang zur Orientierung der auf Wiederwahl angewiesenen Regierung an den Wünschen der Mehrheit ist der Verpflichtung der Regierenden auf das Gemeinwohl allerdings nicht immer förderlich. Der Zwang zur Bemühung um mehrheitliche Zustimmung sorgt aber in Verbindung mit einer funktionierenden kritischen Öffentlichkeit für eine gewisse Kontrolle der Machtausübung. Zwar geschieht solche Kontrolle nicht immer im Interesse der Wahrheit, sondern ist oft durch tendenziöse Vorurteile bestimmt. Sie garantiert nicht immer die angemessene Berücksichtigung der Anliegen von Minderheiten. Dennoch bildet sie ein mehr oder weniger wirksames Gegengewicht zur Machtausübung im Rahmen der jeweiligen Mehrheit.

Obwohl der demokratische Verfassungsstaat durch die Privatisierung der Religion ein geistiges Klima erzeugt, das es erschwert, in der Öffentlichkeit für die Wahrheitsansprüche der christlichen Lehren einzutreten, und obwohl er keine Garantien dagegen bietet, daß die Stimmung der Mehrheit sich dem Christentum entfremdet oder sich sogar gegen das Christentum wendet, bietet dieser Staat doch als liberaler Rechtsstaat den christlichen Kirchen wie andern Religionsgemeinschaften weiten Raum zur Betätigung. Dabei hängt das öffentliche Gewicht des Christentums von der Überzeugungskraft ab, die von der christlichen Botschaft ausgeht, und vom Umfang ihrer Wirkung in der Bevölkerung. Durch die Stärkung dieser Ausstrahlung können alle christlichen Bürger dazu beitragen, daß das Bewußtsein von den christlichen Wurzeln der modernen Demokratie, insbesondere beim Gedanken der Menschenwürde, in der Gesellschaft gekräftigt wird und eine Neubesinnung auf die Bedeutung des Christentums für die kulturelle Tradition stattfindet, in der sowohl die moderne Gesellschaft als auch der demokratische Verfassungsstaat ihre Wurzeln haben. Solche Neubesinnung auf die gesamtkulturelle Bedeutsamkeit des Christentums müßte ihren Ausdruck auch darin finden, daß die Vermittlung von Grundkenntnissen über das Christentum und seine Kulturwirkungen nicht nur dem konfessionellen Religionsunterricht überlassen wird, sondern auch in andern Fächern der Schulbildung, vor allem bei der Einführung in die Geschichte und die europäischen Literaturen erfolgt.

Staatliche Ordnung kann ohne religiöse oder quasireligiöse (ideologische) Basis auf die Dauer nicht bestehen, weil die tatsächliche Ausübung politischer Herrschaft für die ihr Unterworfenen nur dann erträglich ist, wenn sie als begründet auf die Autorität einer aller menschlichen Willkür entzogenen, aber für das Zusammenleben der Menschen grundlegenden Instanz gelten kann. Worauf sonst sollte die Verbindlichkeit der bestehenden politischen Ordnung für die einzelnen Bürger beruhen? Dieser Sachverhalt ist zwar im offiziellen Selbstverständnis der modernen westlichen Staaten, wie es sich nach den Religionskriegen des 17. Jahrhunderts herausgebildet hat, vernachlässigt worden. Doch die Annahme der Möglichkeit einer vollständigen weltanschaulichen und religiösen Neutralität der politischen Herrschaftsordnung ist illusionär, und diese Illusion bildet die Hauptschwäche des modernen demokratischen Verfassungsstaates.[307] Um eine Schwäche handelt es sich, weil die Faktoren, die die Integration der Bürger in die politische Gemeinschaft gewährleisten, im offiziellen Bewußtsein der säkularen Staaten oft nur ungenügend gewürdigt und bei mangelnder Aufmerksamkeit der allmählichen Erosion ausgesetzt werden oder auch einer Verschiebung auf andere Grundlagen hin. Darin ist eine potentielle Anfälligkeit für ideologisch begründete Gegenkonzepte staatlicher Ordnung gegeben. Faktisch sind auch im modernen säkularen Staat neben Motiven christlichen und naturrechtlichen Ursprungs ideologische Vorstellungen wie die Gedanken der Volkssouveränität und der Volksherrschaft wirksam, die jedoch erst durch die Verbindung mit dem Nationalismus die Kraft zur politischen Integration der Bevölkerung haben. Die politische Geschichte der Neuzeit zeigt, welches gefährliche Potential dieser Mischung innewohnt. Es ist darum wünschenswert, daß das Zusammengehörigkeitsgefühl der Bevölkerung eines Staates auf tieferen Grundlagen beruht als nur auf der Gemeinschaft der Nation.

Trotz aller Reserven gegenüber den ideologischen Grundlagen des modernen, säkularen Staates tragen seine christlichen Bürger zu seiner Stabilisierung bei. Das geschieht, indem sie aus ganz anderen Motiven als denen des säkularen Staates selber seine Rechtsordnung respektieren, weil sie in ihr einen wenn auch unvollkommenen Ausdruck des Rechtswillens Gottes erkennen. Außerdem stärken die Christen die Stabilität der staatlichen Ordnung, indem sie die christlichen Wurzeln, die dieser säkulare Staat neben andern Ursprüngen auch hat, lebendig erhalten. Vor allem tragen sie durch die Bereitschaft zum Dienst an anderen bei zur Plausibilität der Pflicht zur Solidarität, die der Willkür individueller Selbstverwirklichung Grenzen zieht, aber auch Orientierung für das Verhalten der Individuen gibt. Weil für die Christen Freiheit nicht nur mit der Beliebigkeit der individuellen Lebensgestaltung zu tun hat, sondern auf die Übereinstimmung mit dem Willen Gottes bezogen ist, der wiederum die Gemeinschaft der Menschen untereinander will, sind sie auch im Leben des säkularen Staates dazu befähigt, politische Selbstbestimmung in Orientierung an den Erfordernissen des Gemeinwohls zu üben.[308] Dabei sollten sie auch beitragen zur Nüchternheit im Hinblick darauf, was durch politisches Handeln und durch politische Reformen im Zusammenleben der Menschen gebessert werden kann, weil der christliche Glaube weiß, daß die endgültige Gestalt der Gemeinschaft unter den Menschen nicht durch den Staat, sondern allein durch das Reich Gottes realisiert werden wird. Andererseits kann diese christliche Hoffnung auch Quelle der Inspiration werden zur Erkenntnis von Möglichkeiten besserer

Gerechtigkeit unter den Bedingungen der Vorläufigkeit menschlichen Zusammenlebens in der politischen Gemeinschaft des Staates. Aber das Bewußtsein der Differenz zwischen der Endgültigkeit des Gottesreiches und der Vorläufigkeit aller politischen Lösungen wird die Christen auch befähigen zur Toleranz sowohl gegenüber den Unvollkommenheiten der bestehenden Ordnung als auch gegenüber anderen Konzepten zur Entwicklung der politischen Gemeinschaft der Menschen im Staat und seiner Rechtsordnung.[309]

Anmerkungen

1. Kapitel: Moral und Ethik in der säkularen Kultur der Gegenwart

1 W. Dilthey: Auffassung und Analyse des Menschen im 15. und 16. Jahrhundert (Wilhelm Diltheys Gesammelte Schriften II, 1914, 1ff.), darin bes.: Das natürliche System der Geisteswissenschaften im 17. Jahrhundert (90–245), die Einleitung des folgenden Abschnitts 246ff., sowie: Die Funktion der Anthropologie in der Kultur des 16. und 17. Jahrhunderts (416–492).

2 Siehe dazu auch F. Jodl: Geschichte der Ethik als philosophischer Wissenschaft I, 4. Aufl. 1930, 181–205.

3 E. Troeltsch, Gesammelte Schriften II, 1913, 552–672, hier 553.

4 T. Rendtorff: Theorie des Christentums. Historisch-theologische Studien zu seiner neuzeitlichen Verfassung, 1972, 152.

5 A. MacIntyre: After Virtue. A Study in Moral Theory, deutsch 1987 unter dem Titel: Der Verlust der Tugend. Zur moralischen Krise der Gegenwart.

6 A. MacIntyre a.a.O. 2. ed. 1984, 8: »... at least the appearance of a disquieting private arbitrariness«.

7 G.E. Moore: Principia Ethica, 1903, c.6, § 113: »... that personal affections and aesthetic enjoyments include *all* the greatest, and *by far* the greatest, goods we can imagine«. Im gleichen Paragraphen findet sich auch das im Text folgende Zitat.

8 Ch. L. Stevenson: Ethics and Language, 1944.

9 A. MacIntyre a.a.O. 39ff.

10 A. MacIntyre a.a.O. 113ff.

11 F. Nietzsche: Die fröhliche Wissenschaft, 1882, Aphorismus Nr. 335.

12 F. Nietzsche a.a.O.

13 F. Nietzsche: Zur Genealogie der Moral (1887), Buch I, 4.

14 F. Nietzsche a.a.O. I, 16.

15 F. Nietzsche a.a.O. I, 7 und 10.

16 F. Nietzsche a.a.O. Vorrede 6.

17 A. MacIntyre a.a.O. 51, deutsche Ausgabe 75f.

18 E. Troeltsch: Gesammelte Schriften II, 552f.

19 E. Troeltsch a.a.O. 553.
20 Der Aufsatz von G. Ebeling erschien zuerst in der Zeitschrift für Theologie und Kirche 57, 1960, danach in: Wort und Glaube II, 1969, 1–41.
21 ThLZ 87, 1962, 7–16, jetzt in Ethik und Ekklesiologie, 1977, 41–54.
22 G. Ebeling: Wort und Glaube II, 1969, 42–55.
23 G. Ebeling a.a.O. 46.
24 N. Luhmann: Paradigm Lost. Die ethische Reflexion der Moral, 1988.
25 O. Höffe: Kategorische Rechtsprinzipien. Ein Kontrapunkt der Moderne, 1990.
26 O. Höffe a.a.O. 53ff. und 61f.
27 T. Rendtorff: Ethik. Grundelemente, Methodologie und Konkretionen einer ethischen Theologie, Band 1 (1980), 2. Aufl. 1990, 13ff.
28 T. Rendtorff a.a.O. 15.
29 T. Rendtorff a.a.O. 14.
30 T. Rendtorff a.a.O. 14f.
31 T. Rendtorff a.a.O. 29ff.
32 W. Maihofer: Recht und Sein. Prolegomena zu einer Rechtsontologie, 1954.
33 Zum Personbegriff siehe ausführlicher meine Ausführungen in: Anthropologie in theologischer Perspektive, 1983, 217–235, bes. 228ff, sowie 513–517.

2. Kapitel: Die Ursprungssituation der Ethik und die wichtigsten Wege ihrer Begründung

34 Zu diesem letzten Punkt vgl. die Angaben von M. Herberger in seinem Artikel »Recht I« im Historischen Wörterbuch der Philosophie 8, 1972, 221–229, bes. 225.
35 W. Pannenberg/A. Kaufmann: Gesetz und Evangelium, 1986, 5. Für die entsprechenden Auffassungen in Ägypten vgl. J. Assmann: Ma'at. Gerechtigkeit und Unsterblichkeit im Alten Ägypten, 1990, bes. 201ff.
36 J. Assmann a.a.O. 204ff. sowie ebd. 51ff.
37 F. Heinimann: Nomos und Physis: Herkunft und Bedeutung einer Antithese im griechischen Denken des 5. Jahrhunderts, 1945, 59ff.
38 F. Heinimann a.a.O. 66.
39 F. Heinimann a.a.O. 67f.
40 F. Heinimann a.a.O. 81.

41 F. Heinimann a.a.O. 110–125.
42 F. Heinimann a.a.O. 131ff.
43 G.E. Moore a.a.O. c. 1, §§ 10 und 13.
44 So H. Maier: Sokrates, 1913, 130, 310f.
45 J. Stenzel: Studien zur Entwicklung der platonischen Dialektik von Sokrates zu Aristoteles, 1917, 3. Aufl. 1961, 17.
46 M. Scheler: Der Formalismus in der Ethik und die materiale Wertethik 1913/1916, 259.
47 M. Scheler a.a.O. 370.
48 M. Scheler a.a.O. 360.
49 N. Hartmann: Ethik (1925) 4. Aufl. 1962, 94 und 91.
50 M. Scheler: Der Formalismus in der Ethik und die materiale Wertethik, 1916, 348ff.
51 N. Hartmann: Ethik 4. Aufl. 1962, 96 und 97.
52 Aristoteles Eth. Nic. I, 5; 1097a 21 ff. und 1097b 16f., sowie bes. 20f.
53 M. Pohlenz: Die Stoa. Geschichte einer geistigen Bewegung I, 1959, 111–158, bes. 125ff.
54 Augustin Ep. 155, I, 2 von 414 an Macedonius (MPL 33, 667). Vgl. auch De civ. Dei XIX, 4, 5 (CCL 48, 666f.).
55 Augustin Conf. X, 22, 32: *Et ipsa est beata vita: gaudere ad te, de te, propter te; ipsa est et non est altera.*
56 Augustin de doctr. chr. I, 5, 10 (CSEL 80, 10).
57 Augustin De doctr. chr. I, 4, 8: *Frui est enim amore inherere alicui rei propter se ipsam.*
58 Augustin ib. I, 4, 9.
59 Augustin de trin. XII, 9, 14 (CCL 50, 358f.).
60 Augustin De div. quaest. 83 q. 35, 2: *quid est aliud beate vivere nisi aeternum aliquid cognoscendo habere?* (CCL 44A, 52).
61 M. Scheler: Der Formalismus in der Ethik und die materiale Wertethik (1916) Ges. Werke 2, 370.
62 M. Scheler a.a.O. 358.
63 Augustin De moribus eccl. cath. I, 6, 10: *si sequimur, bene, si assequimur, non tantum bene, sed etiam beate vivimus.* (MPL 32, 1315).
64 Augustin a.a.O. I, 3, 4: *Quid enim est aliud quod dicimus frui, nisi praesto habere quod diligis?* (MPL 32, 1312).
65 Augustin De doctr. chr. I, 22, 42 übersetzt die Wendung »von ganzem Herzen« durch *ex tota mente.* Zur Entfaltung des Gedankens vgl. ib. n. 41–43 (CSEL 80, 18f.).
66 Augustin De doctr. chr. I, 23, 45: *unum quod supra nos est, alterum quod*

nos sumus, tertium quod iuxta nos est, quartum quod infra nos est (CSEL 80, 19, 27f.).

67 Augustin De doctr. chr. I, 23f. (CSEL 80, 19–22), sowie I, 25, 54ff. (CSEL 80, 22).

68 Augustin a.a.O. I, 26, 57.

69 Augustin a.a.O. I, 26, 57.

70 Augustin De lib. arb. I, 6 (CCL 29, 220).

71 Augustin De vera rel. 31, 58 (CCL 32, 225f.).

72 Augustin De ord. II, 8: *nemini faciant quod pati nolunt* (CCL 29, 121).

73 Thomas von Aquin S. theol. II/1, 11, 4c: *Habetur autem ultimus finis dupliciter,uno modo perfecte, et alio modo imperfecte. Perfecte quidem, quando habetur non solum in intentione, sed etiam in re; imperfecte autem quando habetur in intentione tantum.*

74 Thomas von Aquin a.a.O. II/1, 12, 4.

75 Thomas von Aquin a.a.O. II/1, 11, vgl. 16, 3 zum Begriff des *usus*.

76 A.a.O. II/1, 19, 9.

77 A.a.O. II/1, 19, 10.

78 Thomas von Aquin S. theol. II/1, 49, 4 und 55, 3.

79 Thomas von Aquin a.a.O. II/1, 109, 2 und 3.

80 U. Kühn: Via caritatis. Theologie des Gesetzes bei Thomas von Aquin 1965, 126; vgl. S. theol. II/1, Quaestionen 90–108.

81 Thomas von Aquin Summa contra gentiles III, 111ff.

82 Thomas von Aquin a.a.O. III, 114: *quaedam ratio et regula operandi.* Vgl. U.Kühn 91ff.

83 Thomas von Aquin S. theol. II/1, 93–97.

84 A.a.O. II/1, 98–105, sowie 106ff.

85 A.a.O. II/1, 106, 1.

86 T. Rendtorff: Ethik I, 2. Aufl. 1980, 102.

87 Solche Begründung der Ethik sollte vielleicht besser nicht als »Metaethik« bezeichnet werden (so Rendtorff I, 105f.), da es sich hier um die geschichtlich älteste Gestalt spezifisch ethischer Reflexion und Begründung überhaupt handelt: Sie ist darum eher ethisch als metaethisch zu nennen.

88 Vgl. die Ausführungen von R. Lorenz: Gnade und Erkenntnis bei Augustinus, ZKG 75, 1964, 21–78, zur Funktion der *admonitio* in Augustins Erkenntnistheorie (47f.) und Gnadenlehre (55) im Prozeß der »Umkehr« der von Gott ausgegangenen Geschöpfe zu ihrem göttlichen Ursprung.

89 P. Althaus: Die Theologie Martin Luthers, 1962, 218f.

90 M. Pohlenz: Die Stoa. Geschichte einer geistigen Bewegung, I, 1959, 117.
91 Pohlenz a.a.O. 191ff.
92 Cicero De fin. III, 19, 64: *deceat cariorem nobis esse patriam quam nosmet ipsos.*
93 Cicero De off. I, 7, 23: *dictorum conventorumque constantia et veritas.*
94 Ambrosius De off. min. I, 8, 25; MPL 16, 31.
95 Ambrosius a.a.O. I, 9, 28; MPL 16, 32.
96 Ambrosius a.a.O. I, 10, 36; MPL 16, 33.
97 Ambrosius a.a.O. I, 11, 36f.; MPL 16, 34.
98 Kap. 25–50 des zit. Werkes; MPL 16, 57–102.
99 So Ambrosius De off. min. I, 28, 131f.; MPL 16, 62 zur Gerechtigkeit: Hier schließe die biblische Autorität die Zufügung von Schaden auch für den Fall aus, daß man selber Unrecht erlitten hat, und auch das private Eigentum müsse dem Wohl aller dienen. Letzteres entspricht in gewisser Weise der Verbindung von *iustitia* und *liberalitas* bei Cicero, führt aber doch über dessen Aussagen hinaus.
100 Ambrosius a.a.O. I, 27, 126; MPL 16, 60.
101 Siehe Ph. Melanchthon CA 21, 685 zu Beginn des Locus De lege divina in den Loci Praecipui Theologici von 1559.
102 I. Kant: Kritik der praktischen Vernunft, 1787, 14.
103 I. Kant: Grundlegung zur Metaphysik der Sitten, 1785, AA 4, 393f.
104 I. Kant: Grundlegung zur Metaphysik der Sitten, 1785, AA 4, 396 und 397.
105 I. Kant a.a.O. 400.
106 I. Kant: Kritik der praktischen Vernunft, 1787, 35f. Die folgenden Seitenverweise im Text beziehen sich auf dieses Werk.
107 Vgl. I. Kant: Grundlegung zur Metaphysik der Sitten, AA 4, 421ff.
108 I. Kant: Kritik der praktischen Vernunft, 1787, 58f. Die folgenden Seitenzahlen im Text verweisen auf dieses Werk.
109 H.-H. Schrey: Goldene Regel III, in TRE 13, 1984, 578.
110 I. Kant: Grundlegung zur Metaphysik der Sitten, AA 4, 423, 4. Beispiel.
111 Das gilt z.B. für die Ablehnung des Selbstmordes sowie auch für die einer Bevorzugung des Vergnügens vor der Ausbildung der eigenen Talente.
112 I. Kant: Kritik der praktischen Vernunft, 1787, 233.
113 I. Kant a.a.O. 203f.

3. Kapitel: Das Fundament der Ethik. Eine kritische Würdigung der wichtigsten Begründungsversuche

114 So das vieldiskutierte Buch von J. Rawls: A Theory of Justice, 1972, das von utilitaristischen Ausgangspunkten her sich Kant nähert (vgl. bes. 256f.), und die in vieler Hinsicht verwandte Diskursethik von J. Habermas und K.O. Apel. Zu letzterer vgl. R. Spaemann: Glück und Wohlwollen. Versuch über Ethik, 1989, 172–185.

115 Vgl. den Artikel von J. Ruhnau zu diesem Stichwort im Hist. WB der Philosophie 3, 1974, 1023–1026.

116 Zum älteren Utilitarismus vgl. J. Plamenatz: The English Utilitarians, Oxford 1958 (2. Aufl.), sowie die Diskussion seiner Grundsätze bei N. Hartmann: Ethik (1926), 4. Aufl. 1962, 81ff., bes. 86ff. Zum sog. »Regelutilitarismus« siehe O. Höffe: Einführung in die utilitaristische Ethik. Klassische und zeitgenössische Texte, 1975, bes. die Einführung dort 20ff., sowie auch die Kritik dieses Ansatzes bei R. Spaemann a.a.O. 157–171.

117 O. Höffe a.a.O. 21.

118 M. Weber: Politik als Beruf, 1919, vgl. auch Hans Jonas: Das Prinzip Verantwortung, 1979.

119 Als Beispiele für die philosophische Ethik kann man einerseits O. Höffe, andererseits J. Habermas nennen. In der Theologie wurde die Schule A. Ritschls besonders stark von der Ethik Kants beeinflußt. Siehe auch W. Herrmann: Ethik, 1901. Aus der jüngeren Literatur vgl. etwa W. Trillhaas: Ethik, 1959, 78.

120 G.W.F. Hegel: Grundlinien der Philosophie des Rechts, 1821, § 135.

121 H. Arendt: Eichmann in Jerusalem. Ein Bericht von der Banalität des Bösen, 1964, 174ff., vgl. 188f.

122 I. Kant: Grundlegung zur Metaphysik der Sitten, AA 4, 422.

123 A.a.O. 423.

124 Irenäus adv. haer. IV, 13, 1 und 4 sowie 16, 1. Während das alttestamentliche Kultgesetz und das Judizialgesetz durch Jesus an ihr Ende gekommen sind, hat Jesu Gesetzesauslegung nach Irenäus die »Naturgebote« des Gesetzes ausgelegt und erfüllt.

125 Beispiele dafür sind Emil Brunner, besonders mit seinem Buch Gerechtigkeit, 1943 (bes. 100ff.), sowie H. Thielicke: Theologische Ethik I, 1951, 604–713, sowie III, 1964, 300–304.

126 E. Troeltsch: Die Soziallehren der christlichen Kirchen und Gruppen, 1912, 173.

127 E. Troeltsch a.a.O. Anm. 177.
128 K. Barth KD III/4, 1951, 21. Das im Text folgende Zitat findet sich auf derselben Seite.
129 Siehe dazu vom Vf.: Christliche Rechtsbegründung, in A. Hertz, W. Korff, T. Rendtorff, H. Ringeling (Hgg.): Handbuch der christlichen Ethik 2, 1978, 323–338, bes. 327ff.
130 Aristoteles Polit. 1253a 2 und 9. Vgl. dazu vom Vf.: Antrhopologie in theologischer Perspektive, 1983, 431f.
131 Siehe dazu vom Vf.: Antrhopologie in theologischer Perspektive, 1983, 399ff.
132 Gegen E. Brunner: Gerechtigkeit. Die Lehre von den Grundgesetzen der Gesellschaftsordnung, 1943, 101f.
133 Siehe dazu auch vom Vf.: Leben in Gerechtigkeit, in H. Franke u.a. (Hgg): Veritas et communicatio (Festschrift U. Kühn), 1992, 310–320. Dort auch kritische Ausführungen zu J. Rawls: A Theory of Justice, 1971, wo der Versuch gemacht wird, den Begriff der Gerechtigkeit auf den der Gleichheit zurückzuführen.
134 K. Barth: KD III/4, 5ff.
135 K. Barth a.a.O. 12f.
136 Platon Resp. 351b ff. Die nächste Angabe im Text bezieht sich ebenfalls auf Platons Staat.
137 J. Stenzel: Studien zur Entwicklung der platonischen Dialektik von Sokrates zu Aristoteles (2. Aufl. 1931) 1961, 9f. Vgl. Platons Gorgias 470e 9f.
138 Das wird besonders durch den Philebos Platons belegt (s.u.). Siehe aber schon Resp. 361d–367a.
139 Resp. 613a 4ff., vgl. Theaitet 176a 5.
140 F. Schleiermachers Grundriß der philosophischen Ethik hg. von A. Twesten, 1841, 28 (Einl. § 95).
141 F. Schleiermacher a.a.O. 44 (Höchstes Gut § 19). Das nächste Zitat bezieht sich ebenfalls auf diese Stelle.
142 F. Schleiermacher a.a.O. 51 (§ 35). Die nächsten Verweise im Text beziehen sich auf dieses Werk.
143 I. Kant: Kritik der praktischen Vernunft, 1787, 226.
144 I. Kant: Die Religion innerhalb der Grenzen der bloßen Vernunft (1793) 2. Aufl. 1794, 135f. Die weiteren Seitenangaben im Text beziehen sich auf dieses Werk.
145 Siehe M.E. Miller: Der Übergang. Schleiermachers Theologie des Reiches Gottes im Zusammenhang seines Gesamtdenkens, 1970, 228ff.

146 F. Schleiermacher: Die christliche Sitte hrsg. L. Jonas (2. Aufl. 1884) II, 78.
147 F. Schleiermacher: Der christliche Glaube, 2. Aufl. 1830, § 113, 4.
148 F. Schleiermacher a.a.O. § 9, 2.
149 Siehe dazu vom Vf.: Die Begründung der Ethik bei Ernst Troeltsch, in ders.: Ethik und Ekklesiologie, Ges. Aufsätze, 1977, 70–96.
150 J. Weiß: Die Predigt Jesu vom Reiche Gottes, 1892.
151 Belege zu dieser Auffassung Troeltschs aus seiner Schrift über die Absolutheit des Christentums und die Religionsgeschichte finden sich in dem Anm. 149 zit. Aufsatz des Vf. 83f.
152 E. Troeltsch: Grundprobleme der Ethik, ZThK 12, 1902, 150.
153 Belege dazu in dem Anm. 149 zit. Aufsatz 84ff.
154 E. Troeltsch: Die Absolutheit des Christentums und die Religionsgeschichte (1902) 2. Aufl. 1912, 69.
155 E. Troeltsch: Grundprobleme der Ethik, ZThK 12, 1902, 154.
156 T. Rendtorff: Ethik I (1980) 2. Aufl. 1990, 176–181.
157 T. Rendtorff a.a.O. 178.
158 T. Rendtorff a.a.O. 179.
159 J. Moltmann: Theologie der Hoffnung, 1964; P.L. Lehmann: Ethics in a Christian Context, 1963.
160 T. Rendtorff: Ethik I, 2. Aufl. 1990, 179. Die folgenden Zitate aus diesem Werk finden sich auf S. 180.
161 Vgl. dazu den oben Anm. 149 zit. Aufsatz des Vf. a.a.O. 92 zu den Ausführungen von E. Troeltsch in ZThK 12, 1902, 169.
162 T. Rendtorff: Ethik I, 2. Aufl. 1990, 154.
163 T. Rendtorff a.a.O. 180.
164 T. Rendtorff a.a.O. 180.
165 Augustin Conf. I, 1, 1: *fecisti nos ad te, et inquietum est cor nostrum, donec requiescat in te* (CCL 27,1).
166 M. Horkheimer: Die Sehnsucht nach dem ganz Anderen. Ein Interview mit Kommentar von Hellmut Gumnior, 1970, 61: »Alles, was mit Moral zusammenhängt, geht letzten Endes auf Theologie zurück, alle Moral, zumindest in den westlichen Ländern, gründet in der Theologie«.

4. Kapitel: Reich Gottes und Ethik

167 T. Rendtorff: Ethik I, 2. Aufl. 1990, 179.
168 Zum folgenden siehe ausführlicher vom Vf.: Systematische Theologie 2, 1991, 367ff.
169 Zu diesem Abschnitt vgl. das Buch von R. Spaemann: Glück und Wohlwollen. Versuch über Ethik, 1989.
170 R. Spaemann a.a.O. 123ff.
171 R. Spaemann a.a.O. 131f.
172 G.W. Leibniz: Codex juris gentium diplomaticus, 1663, in ders: Philosophische Schriften hg. C.I. Gerhardt III, 1887, 386ff.
173 R. Spaemann a.a.O. 123.
174 I. Kant: Religion innerhalb der Grenzen der bloßen Vernunft (1793) 2. Aufl. 1794, 50 Anm.
175 R. Spaemann a.a.O. 123.
176 I. Kant: Kritik der praktischen Vernunft (1787) 148.
177 I. Kant a.a.O. 149f.
178 Zu den aus Mt 25,35–37 zu entnehmenden sechs Werken der Barmherzigkeit hat die Tradition als siebtes die Beerdigung von Toten hinzugefügt.
179 Dazu ausführlicher vom Vf.: Systematische Theologie 3, 1993, 206–222, 208ff.
180 Dazu ist das achte Buch der Nicomachischen Ethik (bes. 1155a–1163b) zu vergleichen. Die nächsten Angaben im Text beziehen sich auf dieses Werk.
181 Thomas von Aquin: S. theol. II/2, 23,1.
182 F. Nietzsche: Also sprach Zarathustra I, 1883, 22.
183 T. Rendtorff: Ethik I, 2. Aufl. 1990, 62f.
184 D. Bonhoeffer: Ethik, hg. von E. Bethge (1949), 1985, 227.
185 T. Rendtorff a.a.O. 65.
186 T. Rendtorff a.a.O. 48.
187 T. Rendtorff a.a.O. 48.
188 T. Rendtorff a.a.O. 76.
189 T. Rendtorff a.a.O. 85f.
190 T. Rendtorff a.a.O. 176ff.
191 T. Rendtorff a.a.O. 156ff.
192 Vgl. T. Rendtorff a.a.O. 105f.
193 T. Rendtorff a.a.O. 93ff.
194 T. Rendtorff a.a.O. 179f.

195 T. Rendtorff a.a.O. 93.
196 T. Rendtorff a.a.O. 180.
197 T. Rendtorff a.a.O. 76, vgl. 85ff.
198 T. Rendtorff a.a.O. 179.
199 I. Kant: Grundlegung zur Metaphysik der Sitten, AA IV, 393.
200 Siehe dazu ausführlicher vom Vf.: Systematische Theologie 2, 1991, 232–266.
201 A.a.O. 275ff., vgl. 298f.
202 T. Rendtorff: Ethik I, 2. Aufl. 1990, 93ff.
203 Zu diesem Abschnitt vgl. vom Vf.: Christliche Rechtsbegründung, in: Handbuch der christlichen Ethik 2, 1978, 323–338, bes. 324ff.
204 Vgl. R. Spaemann: Glück und Wohlwollen, 1989, 135ff., 153ff.
205 So Vf. in dem Anm. 203 zit. Beitrag aus dem Handbuch der christlichen Ethik 2, 1978, 336.
206 A.a.O. 337.
207 Dazu siehe vom Vf.: Systematische Theologie 3, 1993, 105f. Vgl. ebd. 104–113.

5. Kapitel: Christliche Ethik und die menschliche Allgemeinheit des Ethischen

208 Vgl. dazu die Ausführungen des Vf. a.a.O. 94–103.
209 M. Luther WA 18, 81, 14. Vgl. dazu P. Althaus: Die Theologie Luthers, 1962, 86ff.
210 Das Werk wurde herausgegeben von L. Jonas in: Schleiermachers Sämtliche Werke I/12: Die christliche Sitte nach den Grundsätzen der evangelischen Kirche im Zusammenhang dargestellt, 2. Aufl. 1884. Dazu siehe H.-J. Birkner: Schleiermachers christliche Sittenlehre im Zusammenhang seines philosophisch-theologischen Systems, 1964.
211 F. Schleiermacher: Die christliche Sitte, Allg. Einleitung 75.
212 H.-J. Birkner 87ff., bes. 90f.
213 H.-J. Birkner a.a.O. 89 zu F. Schleiermacher: Die christliche Sitte a.a.O. 674 (Vorlesung von 1831).
214 H.-J. Birkner a.a.O. 92.
215 E. Troeltsch: Grundprobleme der Ethik (1902), Gesammelte Schriften II, 1922, 567, sowie 569, vgl. 568. Das scharfe Schlußurteil von Troeltsch lautet, infolgedessen habe Schleiermachers theologische

Ethik »mit den lebendigen Problemen der Gegenwart nichts mehr zu tun« (569).

216 E. Troeltsch a.a.O. 569.

217 Ein Ansatzpunkt dazu ist oben Kap. IV, 4 entwickelt worden durch die Überlegung, daß die Gebote der zweiten Tafel des Dekaloges Bedingungen für das Zusammenleben der Menschen in der Gemeinschaft des von Gott erwählten Volkes betreffen und dadurch den Formeln des Naturrechts als Bedingungen des gesellschaftlichen Zusammenlebens überhaupt entsprechen.

218 Vgl. auch J. Splett: »Wenn es Gott nicht gibt, ist alles erlaubt«? Zur theo-logischen Dimension des sittlichen Bewußtseins, in W. Kerber (Hg.): Das Absolute in der Ethik 1991.

219 Siehe oben Kap. IV, 1.

220 Vgl. dazu vom Vf.: Systematische Theologie III, 1993, 105f. mit Literatur.

221 Dazu s.o. Kap. IV, 3.

222 Zu diesem Thema vgl. F.W. Graf: Theonomie. Fallstudien zum Integrationsanspruch neuzeitlicher Theologie, 1987, sowie zu P. Tillichs Gedanken einer theonomen Kultur G. Wenz: Subjekt und Sein. Die Entwicklung der Theologie Paul Tillichs, 1979, bes. 131ff. und 133–142.

223 Vgl. dazu die Ausführungen von Kap. IV, 2 zur Ethik von T. Rendtorff.

224 S.o. Kap. V, 1.

225 Genaueres dazu findet sich in den Ausführungen des Vf. in: Systematische Theologie 2, 1991, 232–303.

226 Näheres dazu a.a.O. 204ff.

227 Ausführlicheres dazu im Artikel des Vf.: Christliche Wurzeln des Gedankens der Menschenwürde, in W. Kerber (Hg.): Menschenrechte und kulturelle Identität, 1991, 61–76.

228 So K. Barth KD III/1, 205–224, dazu kritisch die Ausführungen des Vf. in: Systematische Theologie 2, 1991, 235f.

229 Dieser Gedanke beruht auf der Verbindung von Gen 1,27 mit Gen 2,24.

230 Siehe dazu die Ausführungen des Vf. über Reich Gottes, Kirche und Gesellschaft in ders.: Systematische Theologie 3, 1993, 40–71.

231 Zu dieser Pointe der christlichen Erbsündenlehre siehe vom Vf.: Systematische Theologie 2, 1991, 266–303, bes. 281f. und 301ff.

6. Kapitel: Prinzipien christlicher Ethik im Kontext einer säkularisierten Gesellschaft

232 So G. Lohfink: Wie hat Jesus Gemeinde gewollt? Zur gesellschaftlichen Dimension des christlichen Glaubens, 1982, und ders.: Wem gilt die Bergpredigt? Beiträge zu einer christlichen Ethik, 1988. Vgl. auch die Aufnahme dieses Gedankens bei R. Hütter: Evangelische Ethik als kirchliches Zeugnis. Interpretationen zu Schlüsselfragen theologischer Ethik in der Gegenwart, 1993, 153–185.

233 In diese Richtung bewegte sich schon P.L. Lehmann: Ethics in a Christian Context, 1963, bes. 45–73, und vor allem St. Hauerwas hat diese Fragestellung in einer durch den Gesichtspunkt der Heiligung modifizierten Form weiterentwickelt: A Community of Character. Toward a Constructive Christian Social Ethics, 1981. Siehe dazu die in der vorigen Anm. genannte Dissertation von R. Hütter, die die Wurzeln beider Ethikkonzepte auf die Behandlung der Ethik in der Kirchlichen Dogmatik K. Barths zurückführt (a.a.O. 16f., vgl. 25–105).

234 Die neutestamentliche Paraklese, besonders in ihren Haustafeln, stimmt bemerkenswerterweise weitgehend überein mit den Vorstellungen der gesellschaftlichen Umwelt vom ehrbaren Lebenswandel (vgl. etwa Phil 4,8).

235 Vgl. J. Bohatec: Die Vorgeschichte der Menschen- und Bürgerrechte in der englischen Publizistik der ersten Hälfte des 17. Jahrhunderts (1956) in: R. Schnur (Hg.): Zur Geschichte der Erklärung der Menschenrechte, 1964, 267–231, bes. 284f., vgl. 299.

236 J. Bohatec a.a.O. 285.

237 J. Bohatec a.a.O. 290ff., 298f.

238 J. Bohatec a.a.O. 293f.

239 J. Bohatec a.a.O. 297.

240 J. Locke: Two Treatises on Civil Government (1690) II, 2, 4.

241 J. Locke a.a.O. II, 6, 57.

242 J. Locke a.a.O. II, 6, 63; vgl. 59.

243 J. Locke a.a.O. II, 9, 123.

244 G. Jellinek: Die Erklärung der Menschen- und Bürgerrechte, nach der 4. Aufl. 1927 in R. Schnur a.a.O. 1–77, bes. 10.

245 In der Verfassung von Virginia standen das Recht auf Eigentum und »pursuit of happiness« noch nebeneinander.

246 Vgl. G. Oestreich: Die Idee der Menschenrechte in ihrer geschichtlichen Entwicklung, 1963, sowie ders. in: Die Grundrechte. Handbuch

der Theorie und Praxis der Grundrechte, hg. K.A. Bettermann, F.L. Neumann und H.C. Nipperdey I, 1966.
247 Siehe den bereits oben Anm. 227 zit. Aufsatz des Vf.: Christliche Wurzeln des Gedankens der Menschenwürde, a.a.O. 61ff. und 68ff.
248 G. Ritter: Ursprung und Wesen der Menschenrechte, zit. nach dem von R. Schnur hg. Band 202–237, 223.
249 G. Ritter a.a.O. 220.
250 M. Luther WA 7,30,8f.
251 M. Luther WA 7,35,18f.
252 M. Luther WA 7,35,7–9.
253 So H. Schlier: Der Brief an die Epheser. Ein Kommentar, 1957, 252.
254 So wohl schon Röm 12,7. Vgl. U. Wilckens: Der Brief an die Römer 3, 1982, 14f. Zur weiteren Entwicklung siehe P. Philippi Art. Diakonie TRE 8, 1981, 621–644.
255 Vgl. dazu T. Rendtorff Art. Beruf im Hist. WB Philos. 1, 1971, 833–835, sowie den Abschnitt »Arbeit als Beruf« in Rendtorffs Ethik 2 (1981) 2. Aufl. 1991, 52ff., ferner auch G. Wingren Art. Beruf II TRE 5, 1980, 657–671, bes. 660ff. und ders.: Luthers Lehre vom Beruf, 1952.
256 Siehe dazu K. Holl: Die Geschichte des Wortes Beruf (1924), in Ges. Aufs. zur Kirchengeschichte 3, 1928, 189–219, bes. zu Luthers Schrift De votis monasticis, 1521, sowie zu seiner Postille von 1522.
257 T. Rendtorff: Ethik 1, 2. Aufl. 1990, 76.
258 S.o. 23f.
259 T. Rendtorff: Ethik 1, 2. Aufl. 1990, 77.
260 T. Rendtorff a.a.O. 87.
261 T. Rendtorff: Ethik 2, 2. Aufl. 1991, 19, vgl. 100 und 186.
262 T. Rendtorff: Ethik 2, 49.
263 T. Rendtorff a.a.O. 78.
264 T. Rendtorff a.a.O. 59.
265 T. Rendtorff a.a.O. 63.
266 R. Spaemann: Glück und Wohlwollen. Versuch über Ethik, 1989, 146, sowie 141–156.
267 Siehe dazu J. Reumann: Koinonia in Scripture: Survey of Biblical Text, in Th. Best und G. Gassmann (Hg.): On the Way to Fuller Koinonia (Santiago di Compostela 1993), Genf 1994, 37–69, bes. 48 und 52f. zu 2. Kor 6,14.
268 Vgl. zu Kants Gedanken eines »Hanges« zur Verkehrung in der Rangordnung der Triebfedern die Ausführungen des Vf. in: Systematische

Theologie 2, 1991, 294, sowie dort 279ff. zum Ursprung dieser Vorstellung bei Augustinus.

269 W. Herrmann: Ethik (1901), 5. Aufl. 1913, 12ff.; vgl. zum Thema der Selbsterhaltung als Grundform neuzeitlicher Thematisierung des Selbstverhältnisses eines bewußten Wesens jetzt D. Henrich: Die Grundstruktur der modernen Philosophie, in H. Ebeling (Hg.): Subjektivität und Selbsterhaltung. Beiträge zur Diagnose der Moderne, 1976, 67–121, dazu auch vom Vf.: Anthropologie in theologischer Perspektive, 1983, 96ff.

270 Siehe dazu die Ausführungen von W. Herrmann a.a.O. 15ff. über das Wollen als »auf das eigene Selbst gerichtete Tätigkeit« (17).

271 An dieser Stelle ist die Argumentation Herrmanns durch eine Zweideutigkeit belastet im Hinblick auf die Frage, ob das menschliche Wollen sich unmittelbar zu sich selber als Zweck verhält oder durch Vermittlung des Weltverhältnisses – also vermittelt durch die Beziehung zu einem andern seiner selbst, das als erstrebtes Gut und insbesondere als höchstes Gut (dazu bei Herrmann 25ff.) Medium der Konstitution des Selbstseins wird. Der erstrebte Zweck wäre dann nicht unmittelbar das eigene Selbstsein, sondern das wäre vielmehr das höchste Gut. Bei Herrmann ist die Argumentation zur Begründung der Ethik kurzgeschlossen durch den Leitgedanken der Selbstbeziehung, der der Objektivität der erstrebten Güter nur untergeordnete Bedeutung beläßt, im Gegensatz zu Ernst Troeltsch, der Herrmann an diesem Punkt kritisiert hat (Grundprobleme der Ethik (1902), in Gesammelte Schriften II, 552–672, bes. 621ff). Auch bei Vorordnung der Richtung des Willens auf das Gute vor die Selbstbeziehung – im platonischen Sinne der Vorordnung des Guten vor die davon zu erlangende Lust – bleibt aber die daraus begründete Identität des Selbst als Leitmotiv der Lebensführung im Sinne Herrmanns plausibel.

272 W. Herrmann a.a.O. 19.

273 Es braucht hier nicht weiter verfolgt zu werden, wie in Herrmanns Gedankengang ein »wirklich einheitliches Wollen« (a.a.O. 21) nur als sittliches Wollen, und zwar im Sinne des kantischen Sittengesetzes zustande kommt. Herrmanns Gedanke der Selbstbeherrschung läßt sich auch direkt auf die paulinischen Ausführungen über die Herrschaft des neuen, durch die Taufe zugeeigneten Lebens über die Sünde in Röm 6 anwenden.

274 Thomas von Aquin S. theol. II/II 45, 2. Vgl. 45, 1 ad. 2, sowie II/I, 62,4.

275 E. Troeltsch: Gesammelte Schriften 2, 623ff., vgl. schon 617ff. Troeltsch hätte sich dafür noch besser auf Hegel, der 623 nur beiläufig erwähnt wird, und auf den in dessen Rechtsphilosophie entwickelten Begriff konkreter Sittlichkeit im Gegensatz zur abstrakten Moralität der kantischen Ethik berufen können.

276 Siehe zu diesem Abschnitt vom Vf.: Anthropologie in theologischer Perspektive, 1983, 415–431.

277 T. Rendtorff: Ethik II, 2. Aufl. 1991, 160.

278 So mit Recht T. Rendtorff: Ethik II, 2. Aufl. 1991, 17.

279 T. Rendtorff a.a.O. II, 19.

280 H. Schelsky: Soziologie der Sexualität, 1955, 34.

281 In der Apol. zur Augsburger Konfession 23, 38 wird die Gabe der Jungfräulichkeit sogar höher gestellt als die Ehe.

282 Vgl. auch die Berufung der Söhne des Zebedäus Mk 1,20, ferner die Aussagen über den Vorrang der Nachfolge vor Pietätspflichten wie der Bestattung des toten Vaters (Lk 9,62 und Mt 8,21f.), sowie schließlich das Verhalten Jesu selbst zur eigenen Familie (Mk 3,33ff.).

283 Aristoteles Polit. 1253a 2 u. 9.

284 Aristoteles a.a.O. 1252b 29f. Vgl. dazu vom Vf.: Anthropologie in theologischer Perspektive, 1983, 431ff.

285 Siehe dazu die Ausführungen des Vf. in Anthropologie in theologischer Perspektive, 1983, 446f., sowie den ganzen Abschnitt »Macht und Herrschaft« dort 440ff.

286 Diehe dazu aber auch in dem zitierten Werk 445f.

287 Zu dieser Frage vgl. R. Niebuhr: Die Kinder des Lichts und die Kinder der Finsternis (1945), dt. 1947, 41.

288 W. Künneth: Politik zwischen Dämon und Gott. Eine christliche Sicht des Politischen, 1954, 135ff. Zur Kritik an der Auffassung des Staates als Schöpfungsordnung siehe dort 120ff.

289 M. Luther: Von weltlicher Obrigkeit, wieweit man ihr Gehorsam schuldig sei, 1523, WA 11, 248, 30f. Dazu vgl. H.-J. Gänssler: Evangelium und weltliches Schwert. Hintergrund, Entstehungsgeschichte und Anlaß von Luthers Scheidung zweier Reiche oder Regimente, 1983, 64ff.

290 M. Luther WA 11, 268, 4f.

291 E. Lohse: Theologische Ethik des Neuen Testaments, 1988, 85.

292 L. Goppelt: Der erste Petrusbrief, 1978, 176.

293 Zum *hypotassesthai* vgl. L. Goppelt a.a.O. 174ff.

294 Siehe dazu ausführlicher vom Vf.: Die Bestimmung des Menschen, 1978, 64ff.

295 Näheres dazu in den Ausführungen des Vf. in Anthropologie in theologischer Perspektive, 1983, 453ff.

296 Dazu siehe vom Vf.: Systematische Theologie 3, 1993, 62ff.

297 Zum Thema der Neutralität des Staates in Sachen der Religion siehe die vergleichenden Ausführungen von A. Frhr. v. Campenhausen: Der heutige Verfassungsstaat und Religion, in J.Listel und D. Pirson: Handbuch des Staatskirchenrechts der Bundesrepublik Deutschland I, 2. Aufl. 1994, 47–85, bes. 77ff. mit der vergleichenden Übersicht zum Thema Trennung von Staat und Kirche 63ff. Im Blick auf die USA wird mit Recht betont, daß die Trennung von Staat und Kirche ursprünglich der Förderung freier Entfaltung des religiösen Bekenntnisses diente (66) und nicht den Ausschluß der Religion vom öffentlichen Leben bezweckte.

298 So auch die Denkschrift der EKD: Evangelische Kirche und freiheitliche Demokratie. Der Staat des Grundgesetzes als Angebot und Aufgabe. Eine Denkschrift der Evangelischen Kirche in Deutschland, 1985, 12.

299 Siehe dazu und zum folgd. o. 96ff.

300 Die in der vorletzten Anm. zit. Denkschrift der EKD hätte an dieser Stelle (a.a.O. 14) den Sachverhalt kritischer darstellen sollen. Das geschieht mit Recht in den Ausführungen der päpstlichen Enzyklika *Veritatis splendor* vom 6. August 1993 über das Verhältnis von Freiheit und Wahrheit (Verlautbarungen des apostolischen Stuhles 111, 1993, Nr. 31ff., sowie auch 84ff. und vor allem 88).

301 Dieser Sachverhalt wird mit Recht in der Denkschrift Evangelische Kirche und freiheitliche Demokratie. Der Staat des Grundgesetzes als Angebot und Aufgabe, 1985, 13f. betont.

302 Siehe dazu vom Vf.: Christliche Wurzeln des Gedankens der Menschenwürde, in W. Kerber (Hg.): Menschenrechte und kulturelle Identität, 1991, 61–76, bes. 64–70, dazu in größerem Zusammenhang vom Vf.: Systematische Theologie 2, 1991, 203ff.

303 Vgl. die Ausführungen des Vf. in: Christliche Rechtsüberzeugungen im Kontext einer pluralistischen Gesellschaft, ZEE 37, 1993, 256–266, bes. 263ff.

304 Zur Bindung der staatlichen Herrschaftsordnung an das Recht und zu den Schwierigkeiten, die Priorität des Rechtes gegenüber der Politik aufrechtzuerhalten, wenn faktisch die Rechtsnormen laufend verändert werden, vgl. vom Vf.: Anthropologie in theologischer Perspektive, 1983, 451ff.

305 Siehe dazu das vom Vf. a.a.O. 455 zit. Urteil von Th. Würtenberger über Rousseau.

306 Von Mitwirkung der Parteien spricht Art. 21,1 des deutschen Grundgesetzes. In der Verfassungsrealität ist daraus geworden, daß die Parteien maßgeblich die politische Willensbildung bestimmen. Siehe dazu auch die kritischen Ausführungen in der Demokratiedenkschrift der EKD a.a.O. 33.

307 Grundlegend zu diesem Thema ist R.J. Neuhaus: The Naked Public Square. Religion and Democracy in America, 1984.

308 Siehe dazu T. Rendtorff: Ethik II, 2. Aufl. 1991, 47ff., bes. 49.

309 T. Rendtorff a.a.O. II, 120ff. spricht mit Recht von der »Toleranz als Bereitschaft und Fähigkeit zum Pluralismus« (123). Dabei bedeutet Toleranz die Anerkennung des andern trotz Differenzen über die Norm der Lebensführung.